Mireille Mandelbrojt-Sweeney, Eileen Sweeney

Limba engleză pentru medici şi asistente

MIREILLE MANDELBROJT-SWEENEY a studiat medicina în Franţa. În prezent este medic în Irlanda.

EILEEN SWEENEY a studiat medicina în Irlanda şi în Franţa. În prezent este medic rezident în Irlanda.

De aceleaşi autoare, la Editura Polirom a mai apărut *Limba franceză pentru medici şi asistente* (2014).

Mireille Mandelbrojt-Sweeney, Eileen Sweeney, *Anglais Médical*, 4e édition

Ilustraţii de Marie Drumgoole

www.polirom.ro

Editura POLIROM
Iaşi, B-dul Carol I nr. 4; P.O. BOX 266, 700506
Bucureşti, Splaiul Unirii nr. 6, bl. B3A, sc. 1, et. 1,
sector 4, 040031, O.P. 53

Descrierea CIP a Bibliotecii Naţionale a României:

MANDELBROJT-SWEENEY, MIREILLE

Limba engleză pentru medici şi asistente / Mireille Mandelbrojt-Sweeney, Eileen Sweeney; trad.: Emanuela Stoleriu. – Iaşi: Polirom, 2014
Index.

ISBN: 978-973-46-4803-0

I. Sweeney, Eileen
II. Stoleriu, Emanuela (trad.)

811.111:61

Printed in ROMANIA

Mireille Mandelbrojt-Sweeney
Eileen Sweeney

Limba engleză

pentru medici și asistente

Ediția a II-a revăzută și adăugită

Prefață de Jean Bernard
Traducere de Emanuela Stoleriu

POLIROM
2014

Contents/Cuprins

Prefaţă

În 1980, într-un oraş din Europa de Est, prima şedinţă de lucru din cadrul unui congres internaţional de medicină este deschisă de un cercetător american. Al doilea vorbitor e tot american. Al treilea este englez. Un englez de la Cambridge. „Let me speak English", „Permiteţi-mi să vorbesc în engleză", spune acesta pentru început.

Mireille Mandelbrojt-Sweeney vorbeşte engleza. Nu acel jargon atât de frecvent folosit la reuniunile ştiinţifice, ci o engleză pură, curată, precisă.

Această carte răspunde unei nevoi, vine să umple un gol. Dacă un turist care merge în Anglia recurge la amintirile din timpul şcolii, poate cu siguranţă să găsească drumul, să rezolve problemele pe care le întâlneşte în deplasările sale. La fel de sigur e că biologii se înţeleg fără prea mare dificultate atunci când corespondează. Aceasta cu atât mai mult cu cât engleza utilizează în special termeni de origine greacă sau latină.

Dar între limbajul comun şi limba ştiinţifică se află limba medicilor, limba practicii medicale. Mulţi reprezentanţi ai popoarelor anglofone - englezi, americani, australieni etc. - se pot îmbolnăvi în cursul unei călătorii în străinătate. În acest caz, consultă un medic din ţara respectivă. Persoane care provin din alte ţări s-ar putea să nu ştie altă limbă străină decât engleza. Din ce în ce mai des, un medic se poate afla în cabinet singur cu un pacient uneori grav bolnav care nu vorbeşte şi nu înţelege decât engleza. Medicul s-ar putea simţi atunci foarte stânjenit. E neliniştit chiar dacă nu pare să fie vorba de o boală gravă. Cunoştinţele sale de engleză, amintirile din şcoală sunt adesea insuficiente. Cum întrebi în engleză: „Simţiţi furnicături"? Cum anunţi: „Vă voi face un tuşeu rectal"? Cum spui: „culcat, cu picioarele flectate"?

Medicul trebuie să se ferească de falşii prieteni. Trebuie să ştie să interpreteze abrevierile atât de frecvente din documentele pe care le aduce pacientul provenind dintr-o ţară anglofonă. Va înţelege cu uşurinţă ce înseamnă HLA, dar ce înseamnă ITP, ND sau PIH? Dacă are la îndemână *Limba engleză pentru medici şi asistente* şi obişnuieşte să o răsfoiască, va găsi repede răspunsurile de care are nevoie. Va putea avea cu pacientul străin acele schimburi de informaţii fără care nu există medicină adevărată. De asemenea, îl va putea ajuta eficient pe cel care a venit la consultaţie. Cu siguranţă, acest ghid de conversaţie e menit să aducă mari servicii.

Paris, 16 martie 1989
Pr. Jean Bernard

Cuvânt-înainte la ediţia a patra

La această nouă ediţie mi s-a alăturat fiica mea, Eileen Sweeney, medic. În timpul studiilor sale medicale în Irlanda (la Universitatea Galway), Eileen a petrecut un an universitar în Franţa (la Montpellier), cu o bursă Erasmus, şi trei luni în misiune umanitară într-un dispensar din Senegal.

În perioadele petrecute în străinătate, s-a putut folosi de această carte.

Ea nu a făcut doar o actualizare, acoperind mai ales examenele paraclinice, abrevieri etc. care nu existau pe vremea mea ! A conceput şi un plan diferit, pentru a face cartea mai accesibilă pentru medic şi pentru bolnav, propunând :

- o prezentare mai logică, pe specialităţi ;
- concentrarea asupra sindroamelor importante ;
- un capitol de dermatologie ;
- un capitol despre patologia sânului ;
- numeroase ilustraţii pentru referinţe rapide.

Ceea ce trebuia să fie o actualizare a devenit, graţie lui Eileen, o remaniere totală a cărţii.

Acum cartea este scrisă în doi, Eileen propunând ceea ce ar fi atractiv pentru un tânăr medic care lucrează în spital, iar eu, ceea ce ar fi atractiv pentru un medic specialist în medicină internă.

Cred şi sper că abordarea noastră complementară va fi apreciată de cititori şi mai ales că îi va ajuta pe bolnavi.

Dr. Mireille Sweeney
Medic specialist în medicină internă la ţară

Dr. Eileen Sweeney
Rezident în medicină internă la spitalul din Dublin

Aş vrea să-i mulţumesc bunei mele prietene şi colege Marie Drumgoole, care mi-a ilustrat teza, document aflat la originea acestui volum, în 1988, pentru că a pus din nou mâna pe caietul de desen ca să facă toate ilustraţiile cărţii.

Mulţumesc, Drummer !

Cuvânt-înainte la ediţia a treia

De la prima ediţie a acestei lucrări, din 1990, lucrez ca medic la Ardara, un sat aflat în nord-vestul Irlandei. Susţin de asemenea stagii pentru formarea medicilor specialişti în medicină internă în regiune.

Experienţa acestor ani mi-a inspirat următoarele trei capitole:

- un capitol despre personalul medical şi unităţile de îngrijire;
- un capitol care îl poate ghida pe student sau pe medicul care doreşte să lucreze în străinătate, astfel încât să evite incidentele de parcurs cu care m-am confruntat eu;
- un capitol despre preparatele farmaceutice, în aşteptarea unei uniformizări europene.

Cuvânt-înainte la ediţia întâi

Acest mic ghid de conversaţie medicală a fost conceput în timpul stagiilor pe care am avut şansa să le efectuez ca studentă şi apoi ca rezidentă în Republica Irlanda (Spitalul din Letterkenny).

Acolo, în ciuda unei bune cunoaşteri a limbii engleze, m-am confruntat cu problema barierei lingvistice în relaţia medic-bolnav şi în relaţiile cu cadrele medicale şi paramedicale.

Acest ghid conţine :

- un capitol dedicat expresiilor generale ;
- un capitol dedicat anamnezei bolnavului ;
- capitole care trec în revistă diferitele sisteme (cardiovascular, respirator, digestiv, endocrin, genito-urinar, nervos) ;
- de asemenea, capitole dedicate ginecologiei şi obstetricii, sânilor, pediatriei, psihiatriei, bolilor infecţioase, hematologiei, reumatologiei şi traumatologiei, dermatologiei şi durerii.

În majoritatea acestor capitole cititorul va găsi :

- anamneza : sub forma unui interogatoriu direct, care presupune răspunsuri foarte simple : date, cifre, „da", „nu". Scopul acestuia este de a permite la două persoane care nu vorbesc aceeaşi limbă să se înţeleagă şi să se facă înţelese în termeni uzuali non-medicali ;
- examinarea bolnavului : cum îi explicăm bolnavului, în cuvinte simple, în limba lui, că urmează să îl examinăm şi ce aşteptăm de la el ;
- datele examenului : o enumerare a principalelor semne semiologice ;
- principalele examene paraclinice curente.

Va găsi de asemenea :

- simptome, sindroame şi boli : lista principalilor termeni întâlniţi în practica medicală, asteriscul * marcând denumirea lor în limbajul de zi cu zi ;
- abrevieri - un dicţionar de abrevieri medicale clasificate în funcţie de specialităţi.

Sperăm ca această carte să vină în ajutorul :

- medicilor în propria lor ţară ;
- medicilor care doresc să citească reviste medicale străine - capitolele „Listă de abrevieri" şi „Lista simptomelor, sindroamelor şi bolilor" le vor fi foarte utile ;
- medicilor aflaţi în străinătate, situaţie care sper să devină din ce în ce mai frecventă, graţie Europei anului 1992, care ne dorim să încurajeze stagiile în spitale din străinătate pentru studenţi şi rezidenţi, precum şi instalarea liberă a medicilor în ţările Comunităţii Europene ; pentru aceasta, toate capitolele vor putea fi consultate cu folos.

În cele din urmă şi mai presus de toate, sper ca volumul să le fie de folos bolnavilor care se vor afla faţă în faţă cu aceşti medici.

Introducere

> La care zise Pantagruel: „Prietene, eu nu pricep bălmăjeala asta; de aceea, dacă vrei să te faci înţeles, vorbeşte în altă limbă".
> Atunci tovarăşul îi răspunse: „Al barildim gotfano dech min brin alabo dordin falbroth ringuam albaras. Nin porth zadikim almucathim milko prin al elmim enthoth dal heben ensouim; kuthim al dum alkatim nim broth dechth porth min michais em endoth, pruch dal maisoulum hol moth dansrilim lupaldas im voldemoth. Nin hur diavosth mnarbotim dal gousch palfrapin duch im scoth pruch galeth dal Chinon, min foulchrich al conin butathen doth dal prim".
> „Aţi înţeles ceva?", îi întrebă Pantagruel pe însoţitorii săi.
> Epistémon răspunse: „Bănuiesc că ar fi limba antipozilor; dracu' să mă ia dacă am înţeles vreo iotă".
>
> Rabelais, *Gargantua şi Patagruel*

Scopul acestui mic ghid de conversaţie medicală este să vină în ajutorul medicului confruntat cu problemele englezei medicale.

Ghidul poate fi utilizat la mai multe niveluri: practicianul complet dezarmat în faţa unui pacient străin, turist, de exemplu, va găsi o „consultaţie-tip" - anamneză şi examen -, foarte uşor de folosit. Medicul va arăta cu degetul traducerea engleză a întrebării sale, iar pacientul va indica la rândul său răspunsul în una dintre cele coloane.

Medicul vorbitor de engleză poate profita la rândul său de acest manual: în stagiile sale în străinătate, va folosi anamneza, examenul, precum şi o foaie de observaţie tip; „simptomele, sindroamele şi bolile", abrevierile vor fi folosite atât în practica curentă, cât şi pentru înţelegerea textelor din revistele medicale şi în cazul participării la congrese internaţionale.

Astfel, sperăm să vedem dispărând singura graniţă care ar mai putea supravieţui în Europa, bariera lingvistică.

General expressions

Expresii generale

Miscellaneous

Generalităţi

Hello, what is your name?

- Surname
- First name

How old are you?

Where do you feel the pain? (show me with your hand)

Point out in the table of contents the chapter related to your complaint.

Bună ziua, cum vă numiţi?

- Nume de familie
- Prenume

Ce vârstă aveţi?

Unde vă doare? (arătaţi-mi cu mâna)

Indicaţi în cuprins capitolul referitor la problema dumneavoastră.

Time

Expresii legate de timp

Seconds (sec)

Minutes (min)

Hours (h/hr)

Days

Weeks

Months

Years

For abbreviations for days, weeks and months as they are used in English medical records, see table 1.

Secunde (sec.)

Minute (min.)

Ore (h)

Zile

Săptămâni

Luni

Ani

Pentru abrevierile referitoare la numărul de zile, săptămâni, luni în fişele de observaţie englezeşti, vezi tabelul 1.

Table 1/Tabelul 1

Expressions of days, weeks, months in the medical record/
Exprimarea zilelor, săptămânilor şi lunilor în fişa de observaţie

#/7	3/7	#/52	2/52	#/12	6/12
Number of days	Three days	Number of weeks	Two weeks	Number of months	Six months
Numărul de zile	Trei zile	Numărul de săptămâni	Două săptămâni	Numărul de luni	Şase luni

Next	Următor (următoare)
Last	Ultimul (ultima)
Before	Înainte
After	După
Today	Azi
Tomorrow	Mâine
Yesterday	Ieri
Day before yesterday	Alaltăieri
Morning	Dimineaţa
Afternoon	După-amiaza
Midday	La prânz
Night	Noaptea
Occasionally	Din când în când
Rarely	Rar
Often	Adesea
During	În timpul
Always	Întotdeauna
For	De...
I have a pain for three months.	Am o durere de trei luni.
Since (a date)	De... (începând de la o anumită dată)
Since when do you have this pain?	De când aveţi această durere?
I have a pain since yesterday.	Am o durere de ieri.

Days of the week — Zilele săptămânii

Monday	Luni
Tuesday	Marţi
Wednesday	Miercuri
Thursday	Joi
Friday	Vineri
Saturday	Sâmbătă
Sunday	Duminică

Months of the year	Lunile anului
January	Ianuarie
February	Februarie
March	Martie
April	Aprilie
May	Mai
June	Iunie
July	Iulie
August	August
September	Septembrie
October	Octombrie
November	Noiembrie
December	Decembrie

Numbers	Numere
One	Unu
Two	Doi
Three	Trei
Four	Patru
Five	Cinci
Six	Şase
Seven	Şapte
Eight	Opt
Nine	Nouă
Ten	Zece

Quantity	Cantitate
Tea spoon	Linguriţă
Table spoon	Lingură
Cup full	Cană
Millilitres (ml)	Mililitri (ml)
Litres (l)	Litri (l)
Pint (~ 474 ml)	Pintă

Noral amount	Cantitate normală
Small amount	Cantitate mică/Puţin
None at all	Deloc
A lot	Mult, abundent
Reduced quantity (a few drops)	Cantitate foarte mică (câteva picături)
1 unit of alcohol	o unitate de alcool
(alc/vol × volume consumed) : 1000 = X units	(alc/vol × volum consumat) : 1000 = X unităţi

Length and distance / Lungime şi distanţă

Millimetre (mm)	Milimetru (mm)
Centimetre (cm)	Centimetru (cm)
Metre (m)	Metru (m)
Units of measurements sometimes still used in English-speaking countries:	Unităţi de măsură încă utilizate în ţările anglofone:
- Inch (= 2.54 cm)	- Inch
- Foot (= 0.3048 m)	- Picior
- Yard (= 0.9144 m)	- Yard

Weight / Greutate

Gram (g)	Gram (g)
Kilogram (kg) (1 kg = 2.2 lb)	Kilogram (kg)
Units of measurements sometimes still used in English-speaking countries:	Unităţi de măsură încă utilizate în ţările anglofone:
- Pounds (1 lb = 0.45 kg)	- Livre
- Stone (14 lbs)	- cca 6 kg

Temperature / Temperatură

- Celsius (°C)	- Grad Celsius (°C)
Now used in most countries except in the USA and in the English-speaking elderly population!	În prezent folosit în majoritatea ţărilor, cu excepţia Statelor Unite şi a persoanelor anglofone în vârstă!
- Fahrenheit (°F)	- grad Fahrenheit (°F)

Celsius to Fahrenheit: °F = (°C × 9/5) + 32

- Human body temperature 36.1 - 37.5 °C (96.9 - 99.5 °F)

Transformarea grade Fahrenheit - grade Celsius: °C = (°F - 32) × 5/9

- Temperatura corpului uman 36,1-37,5 °C

Table 2/Tabelul 2

Temperature equivalence in degrees Celsius and degrees Fahrenheit/ Echivalența temperaturii în grade Celsius și grade Fahrenheit

Celsius (°C)	Fahrenheit (°F)
35	95
35,5	95,9
36	96,8
36,5	97,7
37	98,6
37,5	99,5
38	100,4

Celsius (°C)	Fahrenheit (°F)
38,5	101,3
39	102,2
39,5	103,1
40	104
40,5	104,9
41	105,8
42	107,6

Pacient history

Anamneza pacientului

Miscellaneous

Hello, what is your name?
- Surname
- First name (Christian name)

How old are you?

What brings you here today?

Where do you feel the pain? (show me with your hand)

Point out in the table of contents the chapter related to your complaint.

Generalităţi

Bună ziua, cum vă numiţi?
- Nume
- Prenume

Ce vârstă aveţi?

De ce aţi venit azi la consultaţie?

Unde vă doare? (arătaţi-mi cu mâna)

Indicaţi în cuprins capitolul referitor la problema dumneavoastră.

General health

How much do you weigh?

1 kg = 2.21 lb

Your weight:
- is it stable?
- has it increased?
- has it decreased:
  - by how many kilogrammes? (See page 24)
  - in how much time? (See page 21)

Do you feel a lack of energy?

Do you have any fever?

Since when?

Do you have sweats?

Do you have rigors/attacks of shivering?

How long have you been fasting?

General deterioration

Starea generală

Ce greutate aveţi?

1 livră = 0,45 kg

Greutatea dumneavoastră:
- este stabilă?
- a crescut?
- a scăzut:
  - cu câte kilograme? (Vezi pagina 24)
  - în cât timp? (Vezi pagina 21)

Vă simţiţi lipsit de energie?

Aveţi febră?

De când?

Transpiraţi?

Aveţi frisoane?

De cât timp nu mâncaţi?

Alterarea stării generale

Past medical history

Have you ever been hospitalised?
- Where? (address)
- When?

Have you had all the childhood diseases?

Have you had any surgery?
- When (time)?
- Which ones?
  - appendix
  - tonsils
  - hernia
  - tumour
  - other (show me your scar)

Did you ever/do you have:
- high blood pressure (hypertension)?
- diabetes?
- asthma?
- COPD?
- sexually transmitted diseases?

If you have this complaint for a few months now, why did you present today?

Has something changed?

Istoricul personal

Aţi mai fost spitalizat?
- Unde? (adresa)
- Când?

Aţi avut toate bolile copilăriei?

Aţi suferit vreo operaţie?
- Când? (scrieţi data)
- Ce fel?
  - apendicită
  - amigdale
  - hernie
  - tumoră
  - altele (arătaţi-mi cicatricea)

Aţi avut vreodată/aveţi:
- hipertensiune arterială?
- diabet?
- astm?
- BPOC?
- boli cu transmitere sexuală?

Dacă aveţi aceste probleme de mai multe luni, de ce v-aţi prezentat astăzi?

S-a schimbat ceva?

Drug history

Do you take any:
- prescribed medication?
- over the counter medication (OTC)?

Do you know their names?

What dose are you taking?

How many times a day?

Do you have them with you?

Show me the medicine containers.

Can you show me a list or your last prescription?

Tratamente urmate

Luaţi:
- medicamente pe reţetă?
- medicamente eliberate fără reţetă?

Ştiţi cum se numesc?

Ce doză luaţi?

De câte ori pe zi?

Le aveţi la dumneavoastră?

Arătaţi-mi cutiile de medicamente.

Îmi puteţi arăta o listă a medicamentelor dumneavoastră sau ultima reţetă?

Are you allergic to anything that you know of?

- aspirin
- penicillin
- other antibiotics
- other medicine (write the name down)

What happens when you take them?

- anaphylaxis
- rash
- mouth swelling
- difficulty breathing
- choking sensation
- abdominal discomfort

No known drug allergies (NKDA)

Din câte ştiţi, sunteţi alergic la ceva?

- aspirină
- penicilină
- alte antibiotice
- alt medicament (scrieţi denumirea)

Ce se întâmplă când le luaţi?

- şoc anafilactic
- erupţie cutanată
- umflarea gurii
- dificultăţi de respiraţie
- senzaţie de sufocare
- durere abdominală

Nicio alergie cunoscută

Family history

Are your parents alive?

If not, at what age did they die?

What was the cause of their death?

- accident
- heart problem
- cancer
- infectious disease
- hereditary disease - which one?
- other

Do you have any:

- brothers and sisters (siblings)?
- children?
  - How many?
  - Age?

Are they in good health?

Istoricul familial

Părinţii dumneavoastră sunt în viaţă?

Dacă nu, la ce vârstă au decedat?

Din ce cauză au decedat?

- accident
- probleme cardiace
- cancer
- boală infecţioasă
- boală ereditară: care?
- altele

Aveţi:

- fraţi şi surori?
- copii?
  - Câţi?
  - Ce vârstă au?

Sunt sănătoşi?

Habits

Do you smoke?
How many cigarettes a day?
How many cigars a day?
How many pipes a day?
1 pack year history = smoking 20 cigarettes (1 pack) a day for 1 year
How many years have you been smoking this amount?
If you don't smoke now, have you ever smoked? (date of start and end of habit)
Have you ever tried to quit?
What have you tried?
- without help (cold turkey)
- tablets
- patch
- chewing-gum
- hypnotherapy

Do you want to stop?
You have several options.
Do you drink alcohol?
How many: (See page 23)
- glasses of wine?
- cans of beer?
- shots of whiskey or spirits?

Obiceiuri

Fumaţi?
Câte ţigări pe zi?
Câte ţigări de foi?
Câte pipe?
1 pachet/an = consumul a 20 de ţigări (1 pachet) pe zi, timp de 1 an
De câţi ani fumaţi atâtea ţigări?
Dacă în prezent nu fumaţi, în trecut aţi fumat? (data când aţi început şi când aţi pus capăt acestui obicei)
Aţi încercat să renunţaţi?
Ce aţi încercat?
- fără ajutor
- pastile
- plasture
- gumă
- hipnoterapie

Vreţi să renunţaţi?
Aveţi mai multe opţiuni.
Consumaţi alcool?
Câte: (Vezi pagina 23)
- pahare de vin?
- halbe de bere?
- shot-uri de whisky sau băuturi spirtoase?

Social history

Who lives at home with you?
Are you:
- single?
- with a partner?
- married?
- divorced?
- a widow (woman)?
- a widower (man)?

Mediul de viață

Cine locuieşte cu dumneavoastră?
Sunteţi:
- celibatar(ă)?
- într-un cuplu?
- căsătorit(ă)?
- divorţat(ă)?
- văduvă?
- văduv?

Are you currently :
- employed/working ?
- unemployed ?
- a housewife ?

În prezent sunteţi :
- angajat(ă) ?
- fără serviciu ?
- casnică ?

The elderly

Activities of daily living (ADL)
Would you consider yourself as independent ?
Can you walk unaided ?
Do you need :
- a walking stick ?
- a crutch ?
- a zimmerframe ?
- a wheelchair ?

Do you have difficulty in doing any of the following :
- getting in and out of bed ?
- getting dressed ?
- bathing yourself ?
- cooking ?
- getting groceries ?
- bowel and bladder management ?
- maintaining the household ?
- using public transport ?
- taking your medications ?

If yes, who helps you ?
- a family member
- a carer
- home-help

How many hours a week do they come ?
Do you live in a :
- bungalow ?
- ground floor apartment ?
- two-storey house ?

Has your home been adapted to your needs ?
Nursing home resident

Persoanele în vârstă

Activităţi ale vieţii cotidiene
Consideraţi că sunteţi independent(ă) ?
Puteţi merge fără ajutor ?
Aveţi nevoie :
- de un baston ?
- de o cârjă ?
- de un cadru ?
- de un scaun cu rotile ?

Vă este greu să faceţi următoarele lucruri :
- să urcaţi şi să coborâţi din pat ?
- să vă îmbrăcaţi ?
- să faceţi baie/duş ?
- să gătiţi ?
- să vă faceţi cumpărăturile ?
- să vă controlaţi urinarea şi defecarea ?
- să faceţi menajul ?
- să folosiţi transportul în comun ?
- să vă luaţi medicamentele ?

Dacă da, cine vă ajută ?
- un membru al familiei
- un îngrijitor
- un îngrijitor la domiciliu

Câte ore pe săptămână vin ei ?
Locuiţi :
- într-o casă cu un singur nivel ?
- într-un apartament la parter ?
- într-o casă cu două nivele ?

Locuinţa este adaptată nevoilor dumneavoastră ?
Rezident într-un azil/într-o casă de îngrijire

Review of systems

Anamneza referitoare la sisteme

(See figure 1)

See chapters :

- Cardiovascular system
- Respiratory system/pneumology
- Gastro-intestinal system/gastroenterology
- Endocrine system/endocrinology
- Genito-urinary system (nephrology/urology)
- Nervous system/neurology
- Obstetrics and gynaecology
- Breast
- Paediatrics
- Psychiatry
- Infectious diseases
- Haematology
- Rheumatology and traumatology
- Dermatology

(Vezi figura 1)

Vezi capitolele :

- Sistemul cardiovascular
- Sistemul respirator/pneumologie
- Sistemul digestiv/gastroenterologie
- Sistemul endocrin/endocrinologie
- Sistemul genito-urinar (nefrologie/urologie)
- Sistemul nervos/neurologie
- Obstetrică şi ginecologie
- Sânii
- Pediatrie
- Psihiatrie
- Boli infecţioase
- Hematologie
- Reumatologie şi traumatologie
- Dermatologie

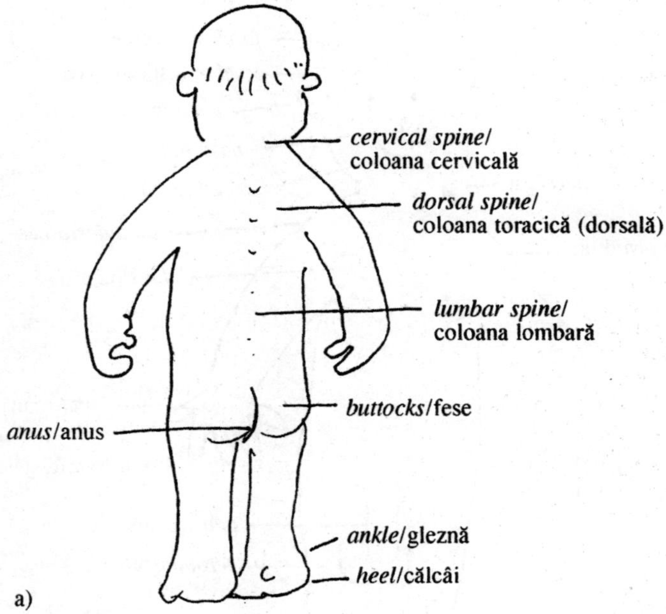

a)

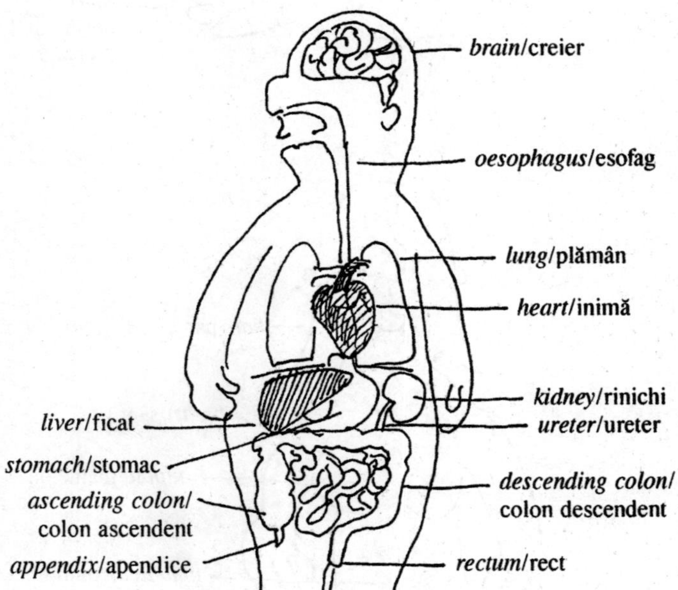

b)

Figura 1. *The human body / Corpul uman*

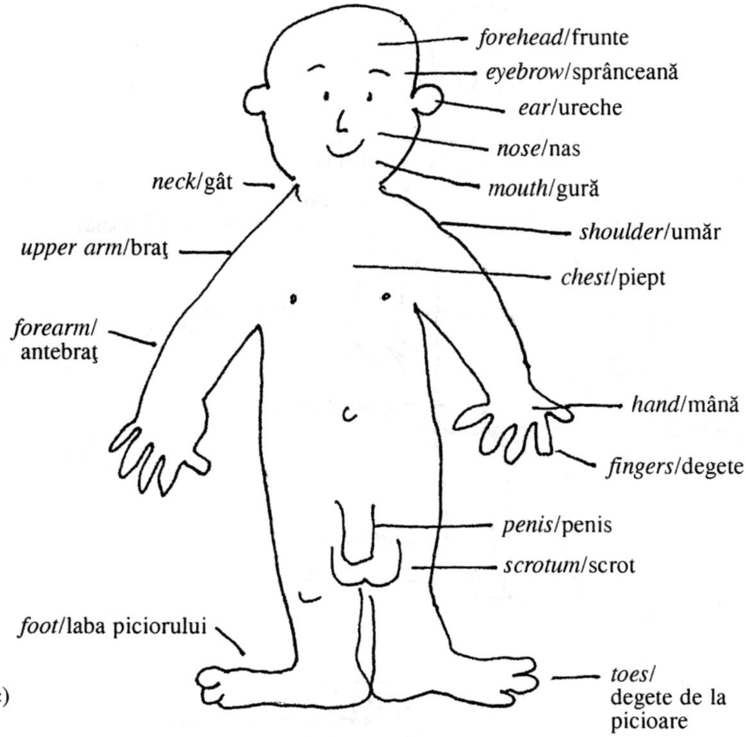
forehead/frunte
eyebrow/sprânceană
ear/ureche
nose/nas
mouth/gură
neck/gât
shoulder/umăr
upper arm/braţ
chest/piept
forearm/ antebraţ
hand/mână
fingers/degete
penis/penis
scrotum/scrot
foot/laba piciorului
toes/ degete de la picioare

c)

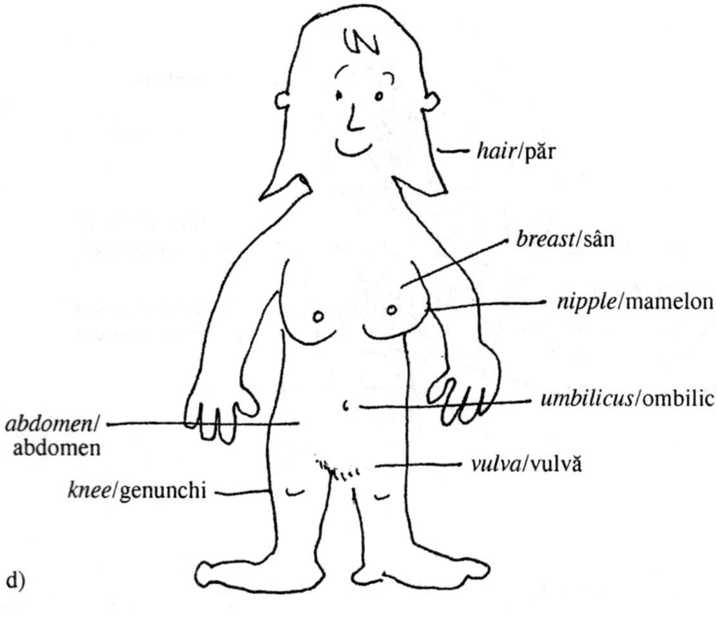
hair/păr
breast/sân
nipple/mamelon
umbilicus/ombilic
abdomen/ abdomen
vulva/vulvă
knee/genunchi

d)

Pain

History

Pain

Site

Where does it hurt?

Can you show it:

- with all your hand?
- just with one finger?

Is the pain:

- central?
- band-like across the chest?
- left side of the chest?

Mode of onset

When did the pain start? (See page 21)

What were you doing when the pain came on?

- sleeping
- resting
- physical activity

Did the pain start:

- little by little?
- suddenly?

Nature

Describe the pain.

- Just a mild discomfort
- A pain that comes and goes and migrates

Durerea

Anamneza

Durerea

Localizare

Unde vă doare?

Puteţi să arătaţi:

- cu mâna?
- cu un deget?

Durerea este:

- pe mijloc?
- în bară în piept?
- în partea stângă a pieptului?

Mod de debut

Când a debutat durerea? (Vezi pagina 21)

Ce făceaţi când a apărut durerea?

- dormeaţi
- vă odihneaţi
- activitate fizică

Durerea a început:

- progresiv?
- brusc?

Tip

Descrieţi durerea.

- Doar un uşor disconfort
- O durere intermitentă, care migrează

– A nagging pain	– O durere continuă
– A burning sensation	– O senzaţie de arsură
– A stabbing pain (a sharp pain/"like a knife")	– Ca o lovitură de cuţit
– Squeezing, constricting, band like (like a tightness)	– Constricţie (ca o strânsoare)
– A feeling that someone is sitting on your chest	– Senzaţia că cineva stă pe pieptul dumneavoastră
– Throbbing	– Pulsatilă
– Shooting	– Sfâşietoare
– Electric shock	– Şoc electric
– Stinging	– Înţepătură
– Like a stitch	– Ascuţită
– Gripping, tightness	– Ca o strânsoare
– Crushing	– Senzaţia de zdrobire
– Heaviness	– Ca o greutate
– Choking	– Senzaţia de sufocare
– Dull ache	– Durere surdă
– Sharp	– Ascuţită

Characteristic	*Caracteristici*
Does it begin at its maximum intensity and remain at this level until it disappears?	Durerea începe la intensitatea maximă şi rămâne la acest nivel până când dispare?
Does it increase steadily?	Se agravează progresiv?
If it began at its peak does it decline slowly?	Dacă începe la intensitatea maximă, se diminuează treptat?
Does it fluctuate? (it comes and goes now and again)	Este fluctuantă? (vine, apoi dispare, după care reîncepe)
Did the pain end spontaneously?	Durerea a încetat de la sine?
Or as the result of some action:	Sau a cedat în urma unei acţiuni:
– by yourself?	– a dumneavoastră?
– by the doctor?	– a medicului?
Did it cease:	A cedat:
– suddenly?	– brusc?
– gradually?	– treptat?

Radiation

Does the pain move:
- to the back?
- to the shoulder?
- to the jaw?
- to the arms?
- upwards?

Iradiere

Durerea iradiază:
- în spate?
- în umăr?
- în mandibulă?
- în braţe?
- în sus?

Associated factors

Do you feel that you are going to die when you get this pain?

At the same time of the pain, do you:
- feel sick?
- get sick?
- sweat?
- get palpitations?
- get a fainting sensation? (a feeling that you are going to pass out)
- have a temperature/fever?
- spit bloody sputum?
- feel short of breath?

Factori asociaţi

Aveţi senzaţia că veţi muri când simţiţi această durere?

Cât timp aveţi această durere:
- vă este greaţă?
- vomaţi?
- transpiraţi?
- aveţi palpitaţii?
- aveţi senzaţia de leşin? (senzaţia că vă veţi pierde cunoştinţa)
- aveţi temperatură/febră?
- expectoraţi sânge?
- rămâneţi fără suflu?

Timing

How long does the pain last when you get it? (See page 21)

Durată

Cât timp durează durerea? (Vezi pagina 21)

Relieving factors

Does anything ease the pain?
- rest
- position
  - sitting
  - bending forward
- medication
- spray under the tongue (glyceryl trinitrate [GTN] spray)

Factori calmanţi

Ce anume calmează această durere?
- repausul
- poziţia
  - culcat
  - aplecat în faţă
- medicamentele
- un spray sub limbă (spray cu nitroglicerină)

Aggravating factors

What brings on the pain or makes it worse?

- exercise
- walking

  How long can you walk before getting the pain? (See page 24)

  Has this distance changed recently?
- sexual intercourse
- stress
- cold weather
- wind
- eating
- pressure on the ribs
- movements
- change in position
- breathing (inspiration)

Factori agravanţi

Ce anume declanşează sau agravează durerea?

- efortul
- mersul

  Ce distanţă puteţi parcurge până să se declanşeze durerea? (Vezi pagina 24)

  Această distanţă s-a modificat recent?
- raportul sexual
- stresul
- vremea rece
- vântul
- mâncatul
- presiunea asupra coastelor
- mişcările
- schimbările de poziţie
- respiraţia (inspiraţia)

Severity

Does the pain prevent you from carrying out your activities?

Does it force you to go to bed?

Does the pain wake you up at night?

Does it prevent you from sleeping?

Does it force you to lie still?

Severitate

Durerea vă împiedică să vă desfăşuraţi activităţile?

Vă obligă să vă culcaţi?

Durerea vă trezeşte noaptea?

Vă împiedică să dormiţi?

Vă obligă să staţi culcat, fără să vă mişcaţi?

Pain scale

0 – no pain

5 – moderate pain

10 – being the worst pain you can imagine

What do you think is causing this pain?

Is this pain affecting your quality of life?

Scala durerii

0 – lipsa durerii

5 – durere moderată

10 – cele mai mari dureri imaginabile

După părerea dumneavoastră, care este cauza acestei dureri?

Această durere afectează calitatea vieţii dumneavoastră?

Cardiovascular system

Sistemul cardiovascular

History

Anamneza

Chest pain

(See page 35)

Durerile toracice

(Vezi pagina 35)

Site

Central ?
Band-like across the chest ?
Left side of the chest ?

Localizare

Pe mijloc ?
În bară în piept ?
În partea stângă a pieptului ?

Radiation

Does the pain move :
- to the back ?
- to the shoulder ?
- to the jaw ?
- to the arms ?
- upwards ?

Iradiere

Durerea iradiază :
- în spate ?
- în umăr ?
- în mandibulă ?
- în braţe ?
- în sus ?

Associated factors

At the same time of the pain, do you :
- feel sick ?
- get sick ?
- sweat ?
- get palpitations ?
- get a fainting sensation, a feeling that you are going to pass out ?
- have a temperature/fever ?
- spit bloody sputum ?
- get short of breath ?

Factori asociaţi

Cât timp aveţi această durere :
- vă este greaţă ?
- vomaţi ?
- transpiraţi ?
- aveţi palpitaţii ?
- aveţi senzaţia de leşin, senzaţia că vă veţi pierde cunoştinţa ?
- aveţi temperatură/febră ?
- expectoraţi sânge ?
- rămâneţi fără suflu ?

Do you feel that you are going to die when you get this pain?

Aveţi senzaţia că veţi muri când simţiţi această durere?

Relieving factors

Does anything ease the pain?

- rest
- position
  - sitting
  - bending forward
- medication
- spray under the tongue (glyceryl trinitrate [GTN] spray)

How long does it take until the pain is relieved by the above?

- quickly, less than five minutes
- longer

Factori calmanţi

Există ceva care calmează această durere?

- repausul
- poziţia
  - şezând
  - aplecat în faţă
- medicamentele
- un spray sub limbă (spray cu nitroglicerină)

În cât timp se calmează durerea sub acţiunea acestor factori?

- rapid, în mai puţin de cinci minute
- mai mult

Exacerbating factors

What brings on the pain or makes it worse?

- exercise
  - walking

  How long can you walk before getting the pain? (in metres) (See page 24)

  Has this distance changed recently?
  - sexual intercourse
- stress
- cold weather
- wind
- eating
- coughing
- pressure on the ribs
- movements:
  - change in position
  - deep inspiration

Factori agravanţi

Ce anume declanşează sau agravează durerea?

- efortul
  - mersul

  Ce distanţă puteţi parcurge până să se declanşeze durerea? (în metri) (Vezi pagina 24)

  Această distanţă s-a modificat recent?
  - raportul sexual
- stresul
- vremea rece/frigul
- vântul
- mâncatul
- tusea
- presiunea pe coaste
- mişcările:
  - schimbările de poziţie
  - inspiraţia profundă

Ischaemic heart disease	Cardiopatia ischemică
Risk factors	*Factori de risc*
Do you smoke? See chapter "Patient history"	Fumaţi? Vezi capitolul „Anamneza".
Do you have any of the following:	Aveţi vreuna dintre următoarele:
– high cholesterol?	– colesterolul mărit?
– diabetes?	– diabet?
– hypertension (high blood pressure)?	– hipertensiune arterială?
– a family history of heart problems (parents/siblings)?	– probleme cardiace în familie (părinţi/fraţi şi surori)?
– a personal history of heart problems?	– probleme cardiace personale precedente?
– angina?	– angină pectorală (angor)?
Have you ever had a heart attack?	Aţi mai avut o criză cardiacă?
Myocardial infarction (MI)	Infarct miocardic (IM)
Acute coronary syndrome (ACS)	Sindrom coronarian acut
How did you present?	Cum v-aţi prezentat?
– collapse/faint	– pierderea cunoştinţei/leşin
– chest pain	– durere în piept
Is this pain similar to what you felt then?	Această durere este asemănătoare cu cea pe care aţi simţit-o atunci?
How was it treated?	Ce tratament aţi urmat?
– tablets	– comprimate
– thrombolysis	– tromboliză
– angiogram:	– angiografie:
– Do you have any stents?	– Aveţi stenturi?
– How many?	– Câte?
– drug eluting stent (DES)	– stent activ (care eliberează un medicament)
– coronary artery bypass graft (CABG "bypass")	– bypass coronarian (CABG)

Dyspnoea

Do you get short of breath (SOB) :

- after exertion ?

  Short of breath on exertion (SOBOE)
- walking ?

  How far can you walk on a level surface without getting short of breath ? (in metres) (See page 24)
- climbing stairs ?

  How many stairs can you climb without getting breathless ?

Do you feel short of breath at rest ?

Is it present when you are :

- sitting ?
- lying down flat ?

Can you sleep flat ?

How many pillows do you need to avoid getting short of breath ?

Do you wake up at night gasping for breath (with a choking sensation) ?

  Paroxysmal nocturnal dyspnoea (PND)

Have you ever been told that you have a murmur ?

Dispneea

Rămâneţi fără suflu :

- după efort ?

  Lipsa suflului la efort
- în timpul mersului ?

  Ce distanţă puteţi parcurge pe o suprafaţă dreaptă până rămâneţi fără suflu ? (în metri) (Vezi pagina 24)
- când urcaţi scările ?

  Câte scări puteţi urca fără să vă pierdeţi suflul ?

Rămâneţi fără suflu când sunteţi în repaus ?

Rămâneţi fără suflu când sunteţi :

- aşezat ?
- culcat ?

Puteţi dormi pe o suprafaţă plană ?

De câte perne aveţi nevoie ca să nu vă sufocaţi ?

Vă treziţi noaptea cu senzaţia că vă sufocaţi ?

  Dispnee paroxistică nocturnă (DPN)

Vi s-a mai spus că aveţi un suflu cardiac ?

Ankle oedema

Do your ankles swell ?

- both ankles
- one ankle

When ?

- in the evening
- in the morning
- all the time

Does the swelling decrease :

- if you lie down ?
- if you have your legs up ?
- never ?

Edemul gleznelor

Aveţi gleznele umflate ?

- ambele glezne
- o gleznă

Când ?

- seara
- dimineaţa
- tot timpul

Edemul scade :

- dacă vă întindeţi ?
- dacă staţi cu picioarele ridicate ?
- niciodată ?

How far up does the swelling go?
- calves
- thighs
- genitalia
- sacrum

Până unde se întinde edemul?
- pulpe
- coapse
- organele genitale
- sacrum

Palpitations

Do you ever get palpitations?

Do you feel your heart beat fast and strong?

Does your heart give an occasional thump now and then?

Palpitaţiile

Aveţi palpitaţii?

Simţiţi că inima vă bate repede şi puternic?

Din când în când, simţiţi un şoc violent în piept?

Mode of onset

Is the onset of palpitations:
- sudden?
- gradual?

Mod de debut

Aceste palpitaţii debutează:
- brusc?
- treptat?

Associated factors

What brings on the palpitations usually?
- emotions
- exercise
- an excess amount of:
  - caffeine
  - smoking
  - alcohol

Factori asociaţi

Ce declanşează de obicei palpitaţiile?
- emoţiile
- efortul
- consumul excesiv de:
  - cofeină
  - tutun
  - alcool

Duration

(See page 21)

How long have you been complaining of palpitations?

How long does the attack of palpitations last?

How often do you get them?

Did you ever feel your own pulse during an attack?

Durată

(Vezi pagina 21)

De cât timp vă plângeţi de palpitaţii?

Cât durează aceste episoade de palpitaţii?

Cât de des le aveţi?

V-aţi luat pulsul în timpul unui episod de palpitaţii?

Did it feel:
- regular?
- irregular?

Was it:
- around 100-130 per minute?
- around 150?
- around 180?
- impossible to count?

Părea:
- regulat?
- neregulat?

Era:
- în jur de 100-130 pe minut?
- în jur de 150?
- în jur de 180?
- imposibil de stabilit?

The end of the palpitations

Is the end of the attack:
- suddenly?
- gradually?

Încetarea palpitaţiilor

Criza se termină:
- brusc?
- treptat?

Treatment

Have you ever been to the hospital with palpitations?

Were they successfully stopped?

What did they do?
- manoeuvres
- a medication through the vein
- an electric shock

Tratament

V-aţi prezentat vreodată la spital din cauza palpitaţiilor?

Medicii au reuşit să le oprească?

Ce au făcut?
- manevre
- un medicament intravenos
- un şoc electric

Heart failure

NYHA (New York Heart Association)

Which of the following best describes your complaint?
- No symptoms, no limitations in ordinary activities
- Mild shortness of breath/angina during ordinary activities
- Marked limitations in ordinary activities due to symptoms, only comfortable at rest
- Symptomatic at rest (bedbound)

Congestive cardiac failure (CCF)

Syncope: see "Loss of consciousness"

Insuficienţa cardiacă

NYHA (New York Heart Association)

Care dintre următoarele descrieri corespunde cel mai bine stării dumneavoastră?
- Nu există simptome, nu sunt împiedicate activităţile obişnuite
- Uşoară sufocare/angor în timpul activităţilor obişnuite
- Limitare marcată a activităţilor obişnuite din cauza simptomelor, stare de confort doar în repaus
- Simptomatic în repaus (la pat)

Insuficienţă cardiacă congestivă (ICC)

Sincopă: vezi „Pierderea cunoştinţei"

Peripheral vascular symptoms

Peripheral vascular disease (PVD)

Intermittent claudication

Do you get pain in your legs when you exercise?

What is the exact site of the pain?

- foot
- calf
- thigh
- buttock

Does the pain start after walking a certain distance?

How far can you walk before the pain begins? (metres)

Is the pain so bad that you have to stop walking?

How long does the pain take to wear off? (See page 21)

Can you then walk the same distance again?

Did you injure this leg in the past?

Have you noticed that a simple scratch on your leg takes a long time to heal?

Pain at rest

Is there any pain in the limb at rest?

Does the pain prevent you from sleeping?

What position relieves the pain?

- legs hanging down
- walking

Semne funcţionale vasculare

Boală vasculară periferică (BVP)

Claudicaţia intermitentă

Aveţi dureri în picioare când mergeţi?

Care este locul exact al durerii?

- laba piciorului
- pulpă
- coapsă
- fesă

Durerea începe după ce parcurgeţi o anumită distanţă?

Care este distanţa pe care o parcurgeţi până se declanşează durerea? (metri)

Durerea este atât de puternică încât trebuie să vă opriţi din mers?

Cât timp trebuie să treacă pentru ca durerea să dispară? (Vezi pagina 21)

După aceea puteţi parcurge din nou aceeaşi distanţă?

Aţi avut vreun traumatism la acest picior în trecut?

Aţi observat că trebuie să treacă mult timp pentru ca o mică zgârietură de pe picior să se cicatrizeze?

Durerea de decubit

Aveţi dureri când staţi întins?

Durerea vă împiedică să dormiţi?

Ce poziţie calmează durerea?

- cu picioarele atârnate în jos
- mersul

Temperature and colour of feet

Do your feet get:
- cold?
  - always
  - only at rest
  - when walking
- a change in their colour?
  - pallor
  - blueness
  - redness

Do you have any leg ulcers?

Temperatura şi culoarea picioarelor

Picioarele dumneavoastră sunt:
- reci?
  - în permanenţă
  - numai în repaus
  - în timpul mersului
- schimbate la culoare?
  - paloare
  - cianoză
  - roşeaţă

Aveţi ulceraţii la picioare?

Paraesthesiae

Do you get tingling (pins and needles):
- in the feet?
- in the fingers?

Have you ever had the blood pressures checked in your legs?

Ankle brachial pressure index (ABPI)

Parestezia

Aveţi înţepături (furnicături):
- în laba piciorului?
- în degete?

V-aţi luat vreodată tensiunea arterială la picioare?

Indice de presiune gleznă-braţ

Thromboembolic disease

Boala tromboembolică

Deep venous thrombosis (DVT)

Is your calf:
- red?
- hot?
- tender?
- swollen?

Tromboza venoasă profundă (TVP)

Pulpa dumneavoastră este:
- roşie?
- caldă?
- tensionată?
- umflată?

Pulmonary embolism (PE)

See "Chest pain"; "Haemoptysis" (See page 56)

Embolia pulmonară

Vezi „Durerile toracice"; „Hemoptizia" (Vezi pagina 56)

Risk factors for veno-thrombo-embolism (VTE)	*Factori de risc în boala tromboembolică venoasă*
Are you pregnant?	Sunteţi însărcinată?
Do you take the pill?	Luaţi pilula?
Do you smoke?	Fumaţi?
Have you recently:	Recent:
– had an injury?	– aţi suferit un traumatism?
– had surgery?	– aţi suferit o operaţie?
– had a period of immobility?	– aţi avut o perioadă în care aţi stat imobilizat(ă)?
– been on a long haul flight?	– aţi avut un zbor lung cu avionul?
Have you suffered from:	Aţi avut vreodată:
– a clot in your leg?	– flebită?
– cancer?	– cancer?
Are there any clotting disorders in your family?	Există în familia dumneavoastră persoane care au probleme de coagulare?
Do you wear compression stockings?	Purtaţi ciorapi de compresie?
Do you wear thrombo-embolic deterrent (TED) stockings?	Purtaţi ciorapi antitrombotici?

Common cardiac conditions / Afecţiuni cardiace frecvente

Common cardiac conditions	Afecţiuni cardiace frecvente
Ischaemic heart disease (IHD)	Boală cardiacă ischemică (BCI)
Mitral regurgitation	Insuficienţă mitrală
Mitral stenosis	Stenoză mitrală
Aortic regurgitation	Insuficienţă aortică
Aortic stenosis	Stenoză aortică
Patent foramen ovale (PFO)	Foramen ovale permeabil
Patent ductus arteriosus	Persistenţă de canal arterial
Atrial septal defect (ASD)	Defect septal atrial (DSA)
Ventricular septal defect (VSD)	Defect septal ventricular (DSV)
Tetralogy of Fallot	Tetralogie Fallot
Coarctation of the aorta	Coarctaţie de aortă
Pericarditis	Pericardită
Rheumatic fever	Reumatism articular acut (RAA)

Infective endocarditis (IE)	Endocardită infecţioasă
Myocarditis	Miocardită
Dilated cardiomyopathy	Cardiomiopatie dilatată
Hypertropic cardiomyopathy (HCM)	Cardiomiopatie hipertrofică (CMH)
Sick sinus syndrome	Aritmie

Clinical examination and reporting findings / Examenul clinic şi datele obţinute la examenul clinic

Make yourself comfortable. — Instalaţi-vă comod.

Can you take off your top? — Puteţi să vă scoateţi bluza?

Can you undress down to the waist? — Puteţi să vă dezbrăcaţi până la mijloc?

I am just going to: / Urmează:

Take your pulse / *Să vă iau pulsul*

Give me your hand, please. — Daţi-mi mâna, vă rog.

- Heart rate (HR)/beats per minute (bpm) — Frecvenţa cardiacă (FC, HR)/bătăi pe minut (bpm)
- Rhythm — Ritm
  - Regular — Regulat
  - Irregular — Neregulat
  - Irregularly irregular (atrial fibrillation) — Neregulat şi inegal (fibrilaţie atrială)
- Volume — Amplitudine
  - Thready — Slab
  - Strong — Puternic

Listen to your heart / *Să vă ausculţ inima*

Can you breathe quietly? — Puteţi respira încet?

Heart sounds (HS) — Zgomote cardiace (ZC)

Your heart is beating: — Inima dumneavoastră bate:

- fast — repede
- slow — lent
- irregularly — neregulat

Check for a heart murmur	*Să verific dacă aveţi un suflu cardiac*
Can you lie on this side?	Puteţi să vă culcaţi pe partea aceasta?
Breathe in and hold.	Inspiraţi şi ţineţi-vă respiraţia.
Breathe out and hold.	Expiraţi şi ţineţi-vă respiraţia.
- Mitral (M)	- Mitrală (M)
- Aortic (A)	- Aortică (A)
- Pulmonary (P)	- Pulmonară (P)
- Tricuspid (T)	- Tricuspidă (T)
- Regurgitation (R)	- Insuficienţă (I)
- Stenosis (S)	- Stenoză (S)
For example: mitral regurgitation (MR)	De exemplu: insuficienţă mitrală (IM)
Listen to the arteries in your neck	*Să ausculț arterele de la gât*
Can you turn your neck to this side?	Puteţi întoarce capul în partea aceasta?
- To the right	- La dreapta
- To the left	- La stânga
Listen to your lungs	*Să vă ausculț plămânii*
Breathe in and out through your mouth.	Inspiraţi şi expiraţi pe gură.
- Good air entry bilaterally	- Bună intrare a aerului bilateral
- Chest clear	- Auscultaţie pulmonară normală
- Bibasal crepitations	- Crepitaţii bazale
- Crepitations and wheeze throughout the lung fields	- Raluri crepitante şi sibilante în câmpul pulmonar
Press down on your abdomen	*Să vă palpez abdomenul*
(looking for raised jugular venous pressure, sign of right heart failure)	(în căutarea unui reflux hepatojugular, indiciu al unei insuficienţe cardiace drepte)
Jugular venous pressure (JVP)	Reflux hepatojugular
Check your blood pressure	*Să vă iau tensiunea*
What is it usually? (write it down; for example 120/80, pronounced 120 over 80)	Ce tensiune aveţi de obicei? (scrieţi; de exemplu, 12/8, citit 12 cu 8)
Lie down and then stand up.	Întindeţi-vă, apoi ridicaţi-vă.
Postural/orthostatic hypotension	Hipotensiune posturală/ortostatică

Look at the back of your eye	*Să vă fac un fund de ochi*
Check your legs for swelling	*Să verific dacă aveţi picioarele umflate*
Pitting oedema	Edem cu godeu

Arterial pulses / Pulsul arterial

Radial pulse	Pulsul la artera radială
Carotid pulse	Pulsul la artera carotidă
Femoral pulse	Pulsul la artera femurală
Popliteal pulse	Pulsul la artera poplitee
Dorsalis pedis pulse	Pulsul la artera pedioasă
Posterior tibial pulse	Pulsul la artera tibială posterioară

Heart sounds / Zgomotele cardiace

– First heart sound (HS1, S1)	– Primul zgomot cardiac (Z1)
– Second heart sound (HS2, S2)	– Al doilea zgomot cardiac (Z2)
– Splitting	– Dedublare
– Opening snap	– Clacment de deschidere
– Triple rhythm	– Ritm în trei timpi
HS1 and HS2 present, no added sounds no murmurs	Z1 şi Z2 prezente, fără raluri, fără sufluri

Murmurs / Suflurile

Area	Regiunea
– Aortic area	– Regiunea aortei
– Mitral area	– Regiunea mitrală
– Pulmonary area	– Regiunea pulmonară
– Tricuspid area	– Regiunea tricuspidă
Time of occurrence	Momentul apariţiei
– Systolic murmur	– Suflu sistolic
– Pansystolic murmur	– Suflu pansistolic
– Diastolic murmur	– Suflu diastolic

Point of maximum intensity

Radiation
- Carotides
- Axilla

Character of the murmur
- Ejection
- Rough
- Soft
- Blowing

Behaviour during respiration

Localizare primară/Punctul de intensitate maximă

Iradiere
- Carotidă
- Axilă

Caracterul murmurului
- Ejecţional
- Aspru, rugos
- Uşor
- Fluierat

Evoluţia în timpul respiraţiei

Investigations

Blood tests

Cardiac enzymes
- Troponin
- CK MB

Coagulation
- INR (International normalised ratio)
- D-Dimers

Brain natriuretic peptide (BNP)

Electrocardiogram (ECC)

Holter monitor

Telemetry

Ambulatory blood pressure monitoring (ABPM)

Echocardiography (echo)
- Transthoracic echo (TTE)
- Transoesophagal echo (TOE)
    - Ejection fraction (EF)

Exercise stress test (EST) (on treadmill)

Angioplasty

Percutaneous coronary intervention (PCI)

The carotids
- Carotid Doppler
- Carotid angiography

Investigaţii

Analiza sângelui

Enzime cardiace
- Troponină
- CK MB

Coagulare
- INR
- D-dimeri

Peptida natriuretică cerebrală (BNP)

Electrocardiogramă (EKG, ECG)

Monitor Holter

Telemetrie

Măsurarea ambulatorie a tensiunii arteriale

Ecocardiografie
- Ecocardiografie transtoracică (ETT)
- Ecocardiografie transesofagiană (ETO)
- Fracţie de ejecţie (FE)

Probă de efort (pe banda rulantă)

Angioplastie

Intervenţie coronariană percutanată (ICP)

Carotidele
- Doppler carotidian
- Angiografie carotidiană

Electrocardiogram (ECG figure 2)	Electrocardiograma (EKG/ECG figura 2)
I am just going to do a tracing of your heart.	Vă voi face o electrocardiogramă.
I will put stickers on your chest.	Vă voi pune electrozi pe piept.
And connect leads.	Voi conecta aparatul.
It will not give you an electric shock.	Nu vă voi aplica un şoc electric.
It doesn't hurt.	Nu doare.
Rhythm	Ritm
- Normal sinus rhythm	- Ritm sinusal normal
Rate	Frecvenţă
- Beats per minute	- Bătăi pe minut
Sinus bradycardia	Bradicardie sinusală
Sinus tachycardia	Tahicardie sinusală
Premature ventricular contractions (PVC)	Contracţii ventriculare premature (CVP)/ Extrasistole ventriculare (ESV)
Atrial premature contractions (APC)	Contracţii atriale premature (CAP)/ Extrasistole atriale (ESA)
P wave	Unda P
PR interval	Intervalul PR/PQ
Atrioventricular block (AV)	Bloc atrioventricular (BAV)
Q wave	Unda Q
QRS complex	Complexul QRS
- broad	- larg
- narrow	- îngust
Left ventricular hypertrophy (LVH)	Hipertrofie ventriculară stângă (HVS)
QT interval	Intrervalul QT
- prolonged	- prelungit
- shortened	- scurtat
T wave	Unda T
- Flattening	- Aplatizare
- Inversion	- Inversare
ST segment	Segmentul ST
- Elevation	- Supradenivelare
- Depression	- Subdenivelare
Acute coronary syndrome	Sindrom coronarian acut
- with ST elevation (STEMI)	- cu supradenivelarea segmentului ST (SCA ST+/STEMI)
- without ST elevation (NSTEMI)	- fără supradenivelarea segmentului ST (SCA ST-/NSTEMI)

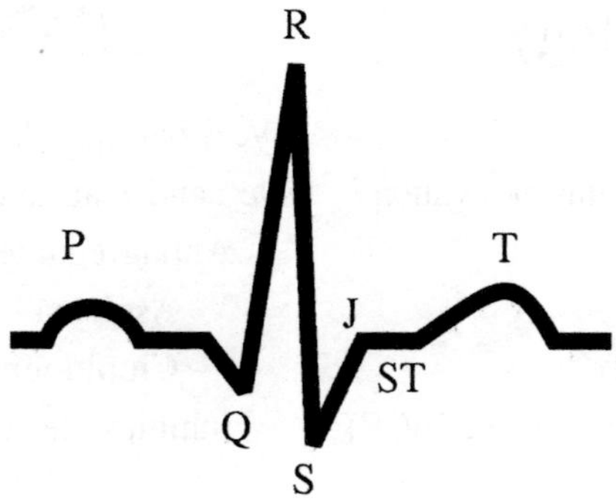

Figura 2. *Electrocardiogram / Electrocardiogramă (EKG/ECG)*

Cardiac axis	*Axa cardiacă*
Right axis deviation (RAD)	Deviaţie axială dreaptă
Left axis deviation (LAD)	Deviaţie axială stângă
Bundle branch block	*Bloc de ram(ură)*
Right bundle branch block (RBBB)	Bloc de ramură dreaptă (BRD)
Left bundle branch block (LBBB)	Bloc de ramură stângă (BRS)
Arrhythmias	*Aritmii*
Atrial flutter	Flutter atrial
Atrial fibrillation (AF)	Fibrilaţie atrială (FA)
- Rate controlled	- Frecvenţa bătăilor inimii ţinută sub control
- Rhythm controlled	- Ritm cardiac ţinut sub control.
Paroxysmal atrial fibrillation (PAF)	Fibrilaţie atrială paroxistică
Supraventricular tachycardia (SVT)	Tahicardie supraventriculară (TSV)
Ventricular tachycardia (VT)	Tahicardie ventriculară (TV)
Ventricular fibrillation (VF)	Fibrilaţie ventriculară (FB)
Wolff-Parkinson-White syndrome (WPW)	Sindromul Wolf-Parkinson-White (WPW)
Permanent pacemaker (PPM) or pacemaker	Pacemaker
Implantable cardiac defibrillator (ICD)	Defibrilator cardiac implantabil (ICD)

Pharmacology	Farmacologie
(See page 235)	(Vezi pagina 235)
How long have you been on this medication?	De când luaţi acest medicament?
- Antiplatelet drugs	- Antiagregante plachetare
- - Aspirin	- - Aspirină
- - Clopidogrel (Plavix®)	- - Clopidogrel (Plavix®)
- Angiotensin-converting enzyme (ACE) inhibitor	- Inhibitor de enzimă de conversie (IEC)
- Beta-blockers	- Beta-blocante
- Calcium antagonist	- Inhibitori calcici
- Diuretic	- Diuretic
- Digoxin	- Digoxină

Anticoagulants	Anticoagulante
International normalised ratio (INR)	INR
Low molecular weight heparin (LMWH)	Heparină cu masă moleculară mică
Unfractionated heparin (UFH)	Heparină nefracţionată
Warfarin	Warfarină

Symptoms	Simptome
Why are you on this?	De ce luaţi acest medicament?
- irregular heart beat	- ritm neregulat
- blood clot in:	- cheag de sânge în:
- - lower limbs	- - membrele inferioare
- - lungs	- - plămâni
- - pulmonary embolism (PE)	- - embolie pulmonară (EP)
- cerebrovascular accident (CVA)	- accident vascular cerebral (AVC)
- heart valve replacement	- înlocuirea unei valve
- - tissue	- - bioproteză
- - metallic	- - metalică
- severe heart failure	- insuficienţă cardiacă gravă

Respiratory system/ pneumology

Sistemul respirator/ pneumologie

History

Anamneza

Cough	**Tusea**
Do you have a cough?	Tuşiţi?
How long have you had it? (See page 21)	De când? (Vezi pagina 21)
Is it:	Este:
– a dry cough?	– o tuse uscată?
– a productive cough?	– o tuse productivă?
Does the coughing come in bouts?	Aveţi accese de tuse?
When is it worse:	Când e mai rău:
– at night?	– în timpul nopţii?
– after eating?	– după ce mâncaţi?
Does anything precipitate the coughing, such as:	Există ceva care declanşează tusea, ca:
– dust?	– praful?
– pollen?	– polenul?
– cold?	– frigul?
– exercise?	– efortul fizic?
Does anything relieve the coughing?	Există ceva care calmează tusea?
– cough mixture	– siropul de tuse
– sitting upright	– poziţia şezând
Is it painful?	Tusea este dureroasă?
Have you recently had a viral infection?	Aţi avut recent o boală virală?
Sputum	**Sputa**
Do you bring up any sputum?	Expectoraţi?
– What colour is it?	– Ce culoare are sputa?

- white
- yellow purulent
- green
- dirty

- How much? (See page 23)

How long have you be coughing up phlegm? (See page 21)

Is the smell of the sputum offensive?

Show me your sputum cup.

- albă
- galben-purulentă
- verde
- cenuşie

- Ce cantitate? (Vezi pagina 23)

De cât timp tuşiţi cu flegmă? (Vezi pagina 21)

Sputa are un miros dezagreabil?

Arătaţi-mi recipientul în care aţi expectorat.

Haemoptysis

Have you ever coughed up blood?

What colour was it?

- frothy and pink
- red streaks in the mucus
- clots of red blood
- clots of black blood

Since when have you been spitting blood? (See page 21)

Have you lost weight recently? (See page 24)

Are you on any blood thinners?

For example aspirin, warfarin, antiplatelets.

Hemoptizia

Aţi tuşit vreodată cu sânge?

Ce aspect avea?

- spumos şi roz
- mucus cu striuri roşii
- cheaguri de sânge roşu
- cheaguri negre

De cât timp scuipaţi sânge? (Vezi pagina 21)

Aţi slăbit recent? (Vezi pagina 24)

Luaţi anticoagulante?

De exemplu, aspirină, warfarină, antiagregante.

Chest pain

See "Cardiovascular system"

Do you suffer from chest pain?

Had you a recent trauma to your chest?

Durerile toracice

Vezi „Sistemul cardiovascular"

Aveţi dureri în piept?

Aţi suferit recent un traumatism toracic?

Exacerbating factors

- Deep inspiration
- Coughing

Factori agravanţi

- Inspiraţia profundă
- Tusea

Associated factors

- Fever
- Cough
- Sputum
- Shortness of breath
- Hoarseness
- Night sweats
- Unintentional weight loss

Factori asociaţi

- Febră
- Tuse
- Expectoraţie
- Dispnee
- Răguşeală
- Transpiraţie nocturnă
- Pierdere neplanificată în greutate

Occupational history

What do you work as?

Have you ever been exposed to:

- dust, for example in the mines?
- asbestos?

Are your symptoms better during the weekend or on your days off?

Istoricul profesional

Ce meserie aveţi?

Aţi fost expus la:

- praf, de exemplu în mină?
- azbest?

Simptomele se ameliorează în weekend sau în concediu?

Smoking history

(See page 30)

Do you smoke?

How many cigarettes a day? (See page 23)

How many years have you been smoking this amount?

Have you ever tried to quit?

What have you tried?

- without help (cold turkey)
- tablets
- patch
- chewing-gum
- hypnotherapy

Do you want to stop?

You have several options.

Istoricul de fumător

(Vezi pagina 30)

Fumaţi?

Câte ţigări pe zi? (Vezi pagina 23)

De câţi ani fumaţi atâtea ţigări?

Aţi încercat vreodată să renunţaţi?

Ce aţi încercat?

- fără ajutor
- pastile
- plasture
- gumă
- hipnoterapie

Vreţi să renunţaţi?

Aveţi mai multe opţiuni.

Asthma	Astmul
Symptoms	*Simptome*
Do you complain of:	Aveţi:
- intermittent shortness of breath (SOB)?	- crize de sufocare?
- wheeze?	- şuierături?
- cough (nocturnal)?	- tuse (nocturnă)?
When was your asthma diagnosed?	Când a fost diagnosticat astmul?
Precipitating factors	*Factori precipitanţi*
Do you know of anything that makes your symptoms worse?	Ştiţi ce anume vă agravează simptomele?
- cold air	- aerul rece
- exercise	- efortul fizic
- emotion – stressful situations	- emoţia – situaţiile stresante
- allergens	- alergenii
- dust	- praful
- pollen	- polenul
- fur	- blana
- infections	- infecţiile
- smoke	- fumul
- non-steroidal anti-inflammatory drugs (NSAID), for example aspirin	- antiinflamatoarele nesteriodiene (AINS), de exemplu aspirina
- beta-blockers	- beta-blocantele
At home, do you have any:	Acasă aveţi:
- pets?	- animale domestice?
- carpets?	- covoare?
- feather pillows or duvets?	- perne sau plapume umplute cu pene?
What is your usual peak flow reading?	Care este debitul dumneavoastră de vârf obişnuit?
Other atopic diseases	*Alte boli atopice*
Do you suffer from other atopic conditions (allergies):	Suferiţi de alte afecţiuni atopice (alergii):
- eczema?	- eczemă?
- hay fever?	- febra fânului?
- allergic rhinitis?	- rinită alergică?

Do you suffer from any allergies? (See "Patient history" - "Drug history")

Aveţi alergii? (Vezi „Anamneza" - „Tratamente urmate")

Do you have a family history of atopy?

Aveţi cazuri de atopie în familie?

Severity of asthma

Severitatea astmului

Are your symptoms better at weekend and during the holidays?

Simptomele dumneavoastră se ameliorează în weekend şi în concediu?

How many days per week do you need to take off school or work because of your asthma?

Câte zile pe săptămână sunteţi nevoit să lipsiţi de la şcoală sau de la serviciu din cauza astmului?

How many nights per week is your sleep disturbed by your asthma?

De câte ori pe săptămână vă treziţi din somn din cauza astmului?

Have you found that you are using your reliever treatment more frequently?

Consideraţi că folosiţi din ce în ce mai des tratamentul simptomatic?

Treatment

- Reliever
  - $Beta_2$-agonists
    - Short acting (SABA)
    - Long acting (LABA)
- Preventer
  - Steroids
    - Inhaled
    - Oral

Tratament

- Tratament simptomatic
  - $Beta_2$-agonişti
    - Cu acţiune de scurtă durată (SABA)
    - Cu acţiune de lungă durată (LABA)
- Tratament preventiv
  - Corticoizi
    - Inhalaţi
    - Pe cale orală

Do you manage okay with your inhalers?

Vă descurcaţi bine cu inhalatoarele?

Show me how you use them.

Arătaţi-mi cum le utilizaţi.

COPD (chronic obstructive pulmonary disease)

BPOC (bronhopneumopatia obstructivă cronică)

When was your COPD diagnosed? (See page 21)

Când aţi fost diagnosticat cu BPOC? (Vezi pagina 21)

Have you had the pneumococcal and influenza "flu" vaccines?

V-aţi făcut vaccinurile împotriva pneumoniei şi a gripei?

Have you stopped smoking?

Aţi renunţat la fumat?

Have you ever attended a pulmonary rehab session?

Aţi participat la o sesiune de reabilitare pulmonară?

Are you taking:
- inhalers?
- nebulisers?
- a tapering dose of oral steroids?

Folosiţi:
- inhalatoare?
- nebulizatoare?
- corticoizi pe cale orală a căror doză scade treptat?

Do you have oxygen therapy at home?

Aveţi aparat de oxigen la domiciliu?

Do you use it:
- continuously?
- during the day?
- at night only?
- only as needed?

Îl folosiţi:
- continuu?
- în timpul zilei?
- doar pe timpul nopţii?
- doar la nevoie?

Long term oxygen therapy (LTOT)

Oxigenoterapie de lungă durată (OLD)

Oxygen therapy

- Nasal cannula
- Face mask
- Non-rebreather
- Venturi mask
- Non-invasive ventilation (NIV)
  - Biphasic intermittent positive airway pressure (BiPAP)
  - Continuous positive airway pressure (CPAP)

Oxigenoterapia

- Canulă nazală
- Mască de oxigen
- Mască fără reinhalare
- Mască Venturi
- Ventilaţie neinvazivă
  - Aparat cu două niveluri de presiune pozitivă (BiPAP)
  - Aparat cu presiune pozitivă în căile aeriene (CPAP)

Modified Medical Research Council (MMRC) Dyspnoea Scale

Which of the following best describes your complaint?
- I only get breathless with strenuous exercise.

Scala de dispnee conform Medical Research Council (MMRC)

Care dintre următoarele descrieri corespunde cel mai bine stării dumneavoastră?
- Rămân fără suflu numai după un efort intens.

– I get short of breath when hurrying on the level or walking up a slight hill.	– Rămân fără suflu când merg repede pe un teren plat sau când urc o pantă uşoară.
– I walk slower than people of my age on the level because of breathlessness.	– Merg mai încet decât persoanele de vârsta mea din cauză că rămân fără suflu.
– I stop for breath after walking about 100 metres or a few minutes on the level.	– Mă opresc să-mi recapăt suflul după 100 de metri sau după ce merg câteva minute pe un teren plat.
– I am too breathless to leave the house or I am breathless when dressing or undressing.	– Îmi lipseşte prea mult suflul ca să pot ieşi din casă, sau nu am suflu când mă îmbrac ori mă dezbrac.
How many admissions to hospital have you had this year?	De câte ori aţi fost internat în spital anul acesta?

Common respiratory conditions / Afecţiuni respiratorii frecvente

Common respiratory conditions	Afecţiuni respiratorii frecvente
Cold	Răceală
Flu	Gripă
Upper respiratory tract infection (URTI)	Infecţie a căilor respiratorii superioare (ICRS)
Lower respiratory tract infection (LRTI)	Infecţie a căilor respiratorii inferioare (ICRI)
Pneumonia	Pneumonie (pneumopatie infecţioasă)
Community acquired pneumonia (CAP)	Pneumonie comunitară
– Health-care associated pneumonia (HCAP)	– Pneumonie asociată tratamentelor
– Hospital acquired pneumonia (HAP)/ nosocomial pneumonia	– Pneumonie dobândită în spital/pneumonie nosocomială
– Ventilation acquired pneumonia (VAP)	– Pneumonie dobândită în timpul ventilaţiei mecanice (VAP)
– Aspiration pneumonia	– Pneumonie de aspiraţie
Tuberculosis	Tuberculoză
Chronic bronchitis	Bronşită cronică
Pulmonary embolism (PE)	Embolie pulmonară (EP)
Pneumothorax	Pneumotorax
Sarcoidosis	Sarcoidoză
Severe acute respiratory syndrome (SARS)	Sindrom respirator acut sever (SARS)

Avian influenza	Gripă aviară
Acute respiratory distress syndrome (ARDS)	Sindrom de detresă respiratorie acută (ARDS)
Cystic fibrosis (CF)	Fibroză chistică/mucoviscidoză
Alpha1-antitrypsin deficiency	Deficit de alfa1-antitripsină
Idiopathic pulmonary fibrosis (IPF)	Fibroză pulmonară idiopatică (FPI, IPF)
Obstructive sleep apnoea (OSA)	Apnee obstructivă de somn (AOS)
Allergic bronchopulmonary aspergillosis (ABPA)	Aspergiloză bronhopulmonară alergică (ABPA)
Acute pulmonary oedema (APO)	Edem pulmonar acut (EPA)
Small cell lung cancer (SCLC)	Cancer pulmonar cu celule mici (CDCM)
Non-small cell lung cancer (NSCLC)	Cancer pulmonar fără celule mici (CPFCM)

Clinical examination and findings / Examenul clinic şi datele obţinute la examenul clinic

Inspection / Examinarea

Clubbing	Hipocratism digital
The patient appears short of breath.	Bolnavul pare să nu aibă suflu.
– Stridor	– Stridor
– Cyanosis	– Cianoză
Shape of the chest	Conformaţia toracelui
– Kyphosis	– Cifoză
– Scoliosis	– Scolioză
– Barrel-shaped chest	– Torace în carenă
– Harrison's sulcus	– Mătănii costale
Movements of the chest	Mişcări respiratorii
– Respiratory rate (RR)	– Frecvenţă respiratorie (FR)
– Tachypnoea	– Tahipnee
– Intercostal recession	– Tiraj intercostal
– Symmetrical breathing	– Respiraţie simetrică
Chest drain	Dren toracic

Palpation / Palparea

Trachea (position)	Trahee (poziţie)
Chest expansion	Expansiune toracică

Tactile vocal fremitus ("say 99")
- normal
- increased (consolidation or large cavity)
- diminished or absent (pleural effusion or pneumothorax)

Palpate for lymph nodes
- axillary
- supraclavicular
- cervical

Vibraţii vocale („spuneţi 33")
- normale
- exagerate (condensare pulmonară)
- diminuate sau absente (efuziune pleurală sau pneumotorax)

Palpare pentru identificarea adenopatiilor
- axilare
- subclaviculare
- cervicale

Percussion

I am just going to tap your back.
- Normal degree of resonance
- Increased resonance
  - Hyper-resonant
  - Tympanic resonance
    - Emphysema
    - Pneumothorax
- Diminished resonance (dullness)
  - Consolidation
  - Collapse (atelectasis)
- No resonance (stony dullness)
  - Pleural effusion
  - Haemothorax
  - Empyema

Percuţia

Vă voi percuta plămânii.
- Sonoritate normală
- Sonoritate crescută
  - Hiper-sonoritate
  - Sonoritate timpanică
    - Emfizem
    - Pneumotorax
- Sonoritate diminuată
  - Condensare
  - Atelectazie
- Absenţa sonorităţii (matitate)
  - Efuzie pleurală
  - Hemotorax
  - Empiem

Auscultation

I am just going listen to your lungs (figure 3).

Breathe in and out through your mouth.

Can you give me a cough?
- Vesicular breathing
- Good air entry (A/E) bilaterally
- Bronchial breathing
  - High-pitched-tubular
  - Low-pitched - amphoric
  - Bronchovesicular

Auscultaţia

Vă voi asculta la plămâni (figura 3).

Inspiraţi şi expiraţi pe gură.

Puteţi să tuşiţi?
- Murmur vezicular
- Bună intrare a aerului (A/E) bilateral
- Suflu
  - Tubar
  - Amforic
  - Pleuretic

- Added sounds
  - Rhonchi
    - High-pitched ronchi or sibilant
    - Low-pitched ronchi or sonorous
  - Crepitations
    - Fine crepitations
    - Coarse crepitations or rales or bubbling noises
- Pleural rub

- Raluri
  - Sibilante şi ronflante
    - Sibilante
    - Ronflante
  - Crepitante
    - Crepitante
    - Raluri subcrepitante sau raluri buloase
- Frecătură pleurală

Character of vocal resonance

- Vocal resonance of normal intensity
- Resonance is increased
  - Bronchophony
  - Whispering pectoriloquy
- Resonance is diminished
- Aegophony

Modificarea rezonanţei vocii

- Rezonanţă normală
- Rezonanţă exagerată a vocii
  - Bronhofonie
  - Pectorilocvie afonă
- Rezonanţă scăzută
- Egofonie

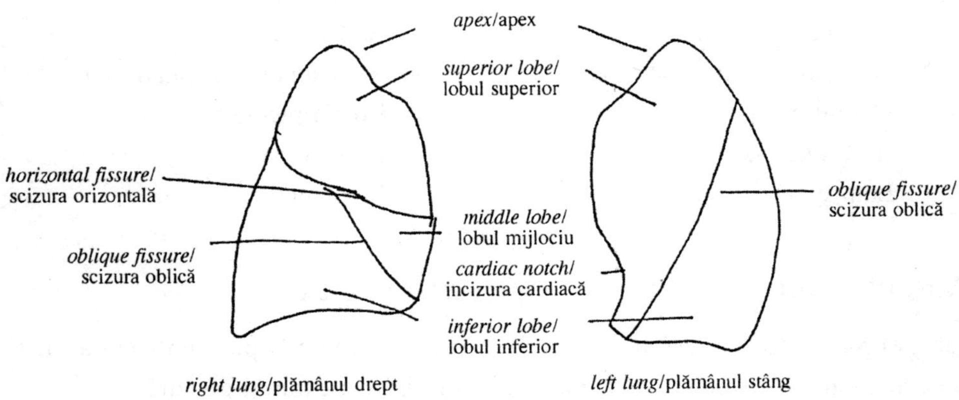

Figura 3. *Lobes of the lungs / Lobii plămânilor*

Investigations

Investigații

Examination of the sputum

Examenul sputei

Direct examination

Examenul direct

- Gram stain
- Colorație Gram

Culture and sensitivity

Cultură și antibiogramă

Examination for acid-fast bacilli (AFB)

Căutarea bacilului Koch

Cytology

Citologie

- Examination for malignant cells
- Căutare de celule neoplazice

Blood tests

Analiza sângelui

Full blood count (FBC)

Numărarea formulei sangvine (NFS)

Blood cultures

Hemoculturi

Examination of the pleura

Examinarea pleurei

Pleural aspiration

Puncție pleurală

- Biochemistry of the pleural fluid
    - Transudate
    - Exudate
- Determinări biochimice pentru lichidul pleural
    - Transsudat
    - Exsudat

Pleural biopsy

Biopsie pleurală

Intradermal tests

Intradermoreacții

Tuberculin test or Mantoux test

Intradermoreacție la tuberculină sau testul Mantoux

Skin sensitivity tests

Teste pentru alergia cutanată

Pulmonary function tests (PFT)

Probe funcționale respiratorii

Peak flow meter

Debitmetru de vârf

- This is a simple test to see how well your lungs work.
- Acesta este un test simplu pentru a vedea cât de bine funcționează plămânii dumneavoastră.
- Blow as hard and as fast as you can, like if you need to blow out lots of candles.
- Suflați cât de puternic și de repede puteți, ca și cum ați sufla în lumânări.

- Peak expiratory flow (PEF)	- Debit expirator maxim de vârf (PEF)
Spirometry	Spirometrie
- Vital capacity (VC)	- Capacitate vitală (CV)
- Forced expiratory volume at one second (FEV1)	- Volum expirator maxim pe secundă (VEMS)
- Total lung capacity (TLC)	- Capacitate pulmonară totală (CPT)
- Residual volume (RV)	- Volum rezidual (VR)
- Forced vital capacity (FVC)	- Capacitate vitală forţată (CVF)
Arterial blood gas (ABG)	Gaze din sânge
- Room air (RA)	- Aerul ambiant
- Oxygen saturation (SaO_2)	- Saturaţia în oxigen (SaO_2)

Radiology / Examenul radiologic

Chest X-ray (CXR)	Radiografie pulmonară
- Posterior-anterior view (PA)	- Din faţă
- Lateral view	- Din profil

Chest X-ray	*Radiografia pulmonară*
Trachea	Trahee
- central	- centrală
- deviated	- deviată
Mediastinal shift	Deviere mediastinală
Nodules	Noduli
White out	Plămân alb
Costophrenic angles	Unghiuri costofrenice
- visible	- vizibile
- blunted	- obliterate
Hilar lymphadenopathy	Limfadenopatie hilară
No active lung disease	Nicio boală pulmonară activă
Consolidation	Consolidare
CT scan	Tomografie computerizată/CT
- CT pulmonary angiogram (CTPA)	- Angiografie pulmonară CT
- High resolution CT (HRCT)	- CT toracic de înaltă rezoluţie
Bronchoscopy	Bronhoscopie
- Biopsy	- Biopsie
- Bronchoalveolar lavage (BAL)	- Lavaj bronhoalveolar

Gastrointestinal system/ gastroenterology

Sistemul digestiv/ gastroenterologie

History

Anamneza

Abdominal pain

See "Pain"

Site

Central
Generalised abdominal pain

Radiation

Does the pain move :
- to the back ?
- to the groin ?
- to the back passage ?

Associated factors

At the same time of the pain, do you :
- feel sick ?
- get sick ?
- sweat ?
- get a fainting sensation ? (a feeling that you are going to pass out)
- have a temperature/fever ?
- get short of breath ?

Durerea abdominală

Vezi „Durerea"

Localizare

Centrală
Durere abdominală generalizată

Iradiere

Durerea iradiază :
- în spate ?
- spre şale ?
- spre anus ?

Factori asociaţi

În timp ce aveţi această durere :
- vă este greaţă ?
- vomaţi ?
- transpiraţi ?
- aveţi senzaţia de leşin ? (senzaţia că vă veţi pierde cunoştinţa)
- aveţi temperatură/febră ?
- aveţi dificultăţi de respiraţie ?

Relieving factors

Does anything ease the pain?
- rest
- position:
  - sitting
  - bending forward
  - crouched, foetal position
  - lying still
- defecation (passing a bowel motion)
- medication
  - Which one?
  - Show me the box.

Factori calmanţi

Există ceva care calmează această durere?
- repausul
- poziţia:
  - şezând
  - aplecat în faţă
  - ghemuit în poziţie fetală
  - culcat, fără să vă mişcaţi
- defecaţia
- medicamentele
  - Care?
  - Arătaţi-mi cutia.

Aggravating factors

What brings on the pain or makes it worse?
- defecation/passing a bowel motion
- stress
- eating
- movements
- change in position
- breathing (inspiration)

Factori agravanţi

Ce declanşează sau ce agravează această durere?
- defecaţia
- stresul
- mâncatul
- mişcările
- schimbările de poziţie
- respiraţia (inspiraţia)

Cause

What, in your own opinion is causing the pain?
- an ulcer
- gallstones
- appendicitis
- other

Cauză

După părerea dumneavoastră, ce anume provoacă această durere?
- un ulcer
- calculii biliari
- apendicita
- alţii

Diet

What type of food do you eat:
- meat?
- fish?
- dairy products?
- vegetables?

Dieta

Ce tip de alimente consumaţi:
- carne?
- peşte?
- produse lactate?
- legume?

- cereals? / - cereale?
- sweets? / - dulciuri?
- everything? / - de toate?

Are your teeth good? / Aveţi o dantură bună?

Do you have dentures? (false teeth) / Purtaţi proteze?

Can you chew your food? / Puteţi să mestecaţi mâncarea?

Appetite / Apetitul

Have you a good appetite? / Aveţi poftă de mâncare?

Has your appetite increased? / Apetitul dumneavoastră a crescut?

Has your appetite decreased? / Apetitul dumneavoastră a scăzut?

If your appetite has decreased, is this due: / Dacă apetitul dumneavoastră a scăzut, aceasta se datorează:

- to lack of desire to eat? / - lipsei dorinţei de a mânca?
- to apprehension because eating always causes pain? / - fricii de a mânca pentru că întotdeauna apar dureri în timpul mesei?

Weight / Greutatea

(See page 24) / (Vezi pagina 24)

How much do you weigh? / Ce greutate aveţi?

Has your weight remained constant? / Greutatea dumneavoastră a rămas stabilă?

Have you gained weight? (Do your clothes feel tighter?) / V-aţi îngrăşat? (Hainele vă sunt mai strâmte?)

Have you lost weight? (Do your clothes feel looser?) / Aţi slăbit? (Hainele vă sunt mai largi?)

This weight loss was: / Slăbirea a fost:

- through slimming diets? / - datorată unor cure de slăbire?
- unintentional? / - involuntară?

Early satiation and postprandial fullness / Saţietatea precoce şi plenitudinea postprandială

Can you manage to finish a normal sized meal? / Reuşiţi să mâncaţi o cantitate normală de alimente la o masă?

Do you feel full after eating a small amount? / Vă simţiţi sătul(ă) după ce mâncaţi o cantitate mică de alimente?

Do you feel uncomfortable after eating? / Vă simţiţi rău după ce mâncaţi?

Nausea and vomiting (N&V) / Greaţa şi voma

Do you have nausea?	Aveţi greţuri?
Do you feel sick?	Vă este rău?
Have you tried an anti-sickness/anti-emetic?	Aţi încercat un medicament împotriva greţii/antiemetic?
Do you wretch?	Aveţi senzaţia de vomă?
Is it possible that you are pregnant?	Este posibil să fiţi însărcinată?
Have you started any new medication recently?	Aţi început recent să luaţi nişte medicamente noi?
Do you vomit only after eating?	Vomaţi doar după masă?
What is the nature of the vomiting:	Care este natura vomei:
- recognizable food?	- alimente nedigerate?
- digested food?	- alimente digerate?
- bile stained fluid?	- lichid verzui?
- clear acidic fluid?	- lichid limpede, acru?
Do you vomit large quantities?	Vomitaţi cantităţi mari?
Is the vomiting preceded by another symptom such as:	Voma este precedată de alte simptome, cum ar fi:
- nausea?	- greaţă?
- pain? (does it relieve the pain?)	- durere? (voma calmează durerea?)
- headache?	- durere de cap?
- dizziness?	- ameţeală?

Haematemesis / Hematemeza

Was there ever any blood in your vomit?	Aţi vomat vreodată sânge?
Did the blood appear from the start?	Sângele a apărut chiar de la început?
Or did you only notice blood after having vomited several times?	Sau aţi observat sângele abia după mai multe vărsături?

Gastro-oesophageal reflux disease (CORD) / Refluxul gastroesofagian (RGE)

Do you get acid regurgitation (sour or bitter taste in your mouth)?	Aveţi regurgitaţii acide (gust acru sau amar în gură)?
Do you belch frequently?	Râgâiţi des?

The pain: heartburn	*Durerea: arsurile stomacale*
Burning pain behind the chest wall (pyrosis)	O senzaţie de arsură în spatele sternului (pirozis)
Has it ever radiated to your arms or jaw?	Durerea iradiază spre braţe sau spre mandibulă?
Do you also have:	Aveţi şi:
– a chronic cough?	– o tuse cronică?
– a shortness of breath?	– o senzaţie de sufocare?
– a bad breath (halitosis)?	– respiraţia urât mirositoare (halitoză)?
– frequent hiccups?	– sughiţuri dese?
Do you think that it's linked with:	Credeţi că este asociată cu faptul:
– lying down?	– că staţi întins(ă)?
– stooping forward?	– că staţi aplecat(ă) în faţă?
– being pregnant?	– că sunteţi însărcinată?
Is it worse if you take:	E mai rău când consumaţi:
– fatty foods?	– alimente grase?
– chocolate?	– ciocolată?
– hot drinks?	– băuturi calde?
– coffee?	– cafea?
– alcohol?	– alcool?
– spicy food?	– mâncăruri condimentate?
What have you tried so far to relieve the symptoms?	Ce aţi încercat până acum pentru a atenua simptomele?
– antacids	– antiacide
Proton pump inhibitor (PPI)	Inhibitor al pompei de protoni (IPP)
– raising the head of the bed	– aţi ridicat capătul patului
– losing weight	– aţi slăbit
– stop smoking	– aţi renunţat la fumat

Swallowing / Deglutiţia

Swallowing	Deglutiţia
Do you have difficulty:	Întâmpinaţi greutăţi:
– in swallowing?	– când înghiţiţi?
– initiating swallowing?	– când începeţi să înghiţiţi?
What type of food causes difficulty:	Ce tip de alimente „nu merg":
– solids?	– solide?
– liquids?	– lichide?

At which level does the food stick? (show me with your hand)

La ce nivel se opresc alimentele? (arătaţi-mi cu mâna)

For how long have you been complaining of this? (See page 21)

De cât timp aveţi aceste simptome? (Vezi pagina 21)

Is it getting any worse?

S-au agravat?

Is swallowing painful?

Aveţi dureri la înghiţire?

Does fluid regurgitate into your nose?

Lichidele regurgitează în nas?

Do you choke when trying to swallow?

Vă sufocaţi când încercaţi să înghiţiţi?

Bowel habit

Tranzitul intestinal

Diarrhoea

Diareea

Are you passing stools more often?

Defecaţi mai des?

How many times a day? (See page 23)

De câte ori pe zi? (Vezi pagina 23)

Is there a change in consistency of your stool?

Consistenţa scaunului e modificată?

How long have you had the diarrhoea? (See page 21)

De cât timp aveţi diaree? (Vezi pagina 21)

What do your stools look like?

- Colour
  - Pale
  - Brown
  - Black and tarry
    Maelena
- Smell
  - Offensive
- Consistency
  - Hard
  - Soft
  - Watery
  - Frothy
- Quantity
  - Bulky
  - Moderate

Care este aspectul scaunului dumneavoastră?

- Culoare
  - Deschisă
  - Maro
  - Negru şi cu aspect gudronos
    Melenă
- Miros
  - Dezagreabil
- Consistenţă
  - Tare
  - Moale
  - Lichid, apos
  - Spumos
- Cantitate
  - Abundent
  - Puţin abundent

Have you noticed any:

- blood?
- mucus?
- pus?

Aţi observat vreodată:

- sânge?
- mucus?
- puroi?

Is your stool difficult to flush down the toilet?	Scaunul dumneavoastră pluteşte?
Do you have to get up in the middle of the night to go pass a bowel motion?	Trebuie să vă sculaţi noaptea ca să defecaţi?
How many times?	De câte ori?
Have you recently:	Recent:
- changed your diet?	- v-aţi schimbat dieta?
- travelled abroad?	- aţi călătorit în străinătate?
- started new medications?	- aţi început să luaţi nişte medicamente noi?
- taken a course of antibiotics?	- aţi urmat un tratament cu antibiotice?
- been hospitalised?	- aţi stat în spital?
- been constipated? (overflow diarrhoea)	- aţi fost constipat(ă)? (diaree de revărsare)
Does the diarrhoea persist despite not eating?	Aveţi diaree chiar dacă nu mâncaţi?
Have you been in contact with anyone who has diarrhoea?	Aţi venit în contact cu o persoană care avea diaree?
Is it possible that you may have got food poisoning somewhere?	E posibil să aveţi o toxiinfecţie alimentară?
Do you work in the catering business?	Lucraţi în domeniul alimentar?
It is important that you don't return to work until the stool samples we send come back as negative.	Este important să nu vă întoarceţi la serviciu până când rezultatul de la analiza scaunului nu iese negativ.

Constipation / *Constipaţia*

Do you have difficulty in emptying your bowels?	Aveţi dificultăţi la defecare?
Have you recently:	Recent:
- changed your diet?	- v-aţi schimbat dieta?
- started new medications? (See page 235)	- aţi început să luaţi medicamente noi? (Vezi pagina 235)
- Which ones?	- Care anume?
Have you tried any laxatives?	Aţi încercat laxative?
Have they helped?	V-au ajutat?
Are you passing wind (fart)?	Aveţi gaze?
Do you have problems with faecal incontinence?	Aveţi probleme de incontinenţă?
Bowels not opened (BNO)	Nu a fost la toaletă

Abdominal distension

Do you notice any abdominal distension?
Since when? (See page 21)
Is it painful?
Does it affect respiration?
Is it relieved by:
- belching?
- vomiting?
- defecation?

Distensia abdominală

Observaţi o balonare?
De când? (Vezi pagina 21)
Vă doare?
Vă împiedică să respiraţi?
Balonarea e calmată de:
- eructaţii/râgâieli?
- vomă?
- defecaţie?

Rectal bleeding

Did you ever pass any blood in your stools?
When? (See page 21)
Was the blood:
- mixed with the faeces?
- on the surface?
- after passing the stool?
- on toilet paper?
- on top of the stools?
- in the toilet bowel?

How much blood did you pass? (See page 23)
Do you have piles/haemorrhoids?
Have you had recent trauma or surgery to your bowels?
Are you on any blood thinners (anticoagulants)?
Was there associated:
- light-headedness?
- dizziness?
- weakness?
- collapse?

Is defecation painful?
Does the pain start:
- before?
- during?
- after?
- at times unrelated to defecation?

Sângerările rectale

Aţi avut vreodată scaun cu sânge?
Când? (Vezi pagina 21)
Sângele era/apărea:
- amestecat cu fecalele?
- la suprafaţa fecalelor?
- după defecaţie?
- pe hârtia igienică?
- deasupra fecalelor?
- în vasul de toaletă?

Ce cantitate de sânge era? (Vezi pagina 23)
Aveţi hemoroizi?
Aţi suferit un traumatism sau o operaţie chirurgicală recentă la nivelul intestinelor?
Luaţi medicamente pentru subţierea sângelui/anticoagulante?
Sângerarea era însoţită de:
- ameţeală?
- vertij?
- senzaţia de slăbiciune?
- leşin?

Aveţi dureri când defecaţi?
Durerea apare:
- înainte?
- în timpul?
- după?
- fără legătură cu defecaţia?

Symptoms that may be associated with change in bowel habit or rectal bleeding

Mucous
Pus
Weight loss
Night sweats
Fevers
Diarrhoea
Bloating
Bone pain
Abdominal pain
Anorexia (loss of appetite)
Tenesmus

After passing a bowel motion do you feel like you haven't completely emptied your bowels?

Simptome care pot fi asociate cu tulburările de tranzit intestinal sau cu sângerările rectale

Mucus
Puroi
Scădere în greutate
Transpiraţii nocturne
Febră
Diaree
Balonare
Dureri osoase
Dureri abdominale
Anorexie (pierderea apetitului)
Tenesme

După ce defecaţi, aveţi senzaţia că intestinul nu s-a golit complet?

Jaundice

How long have you been yellow? (See page 21)

Have you ever had this before?

Has anyone in your family ever been jaundiced?

Have you been in contact with someone with jaundice?

Have you ever had a blood transfusion?

Icterul

De când aveţi icter? (Vezi pagina 21)

Aţi mai avut icter înainte?

Un membru al familiei dumneavoastră a avut icter?

Aţi venit în contact cu cineva care avea icter?

Aţi făcut vreodată o transfuzie?

Risk factors

Have you ever injected drugs intravenously?

Intravenous drug users (IVDU)

Do you always use a new syringe?

Do you have any:

- body piercings?
- tatoos?

Factori de risc

V-aţi injectat vreodată droguri intravenos?

Utilizatori de droguri pe cale intravenoasă (UDI)

Folosiţi de fiecare dată o siringă nouă?

Aveţi:

- piercing-uri?
- tatuaje?

Have you recently:	Recent:
- started new medications? (See page 235)	- aţi început să luaţi medicamente noi? (Vezi pagina 235)
- Which ones?	- Care?
- travelled abroad?	- aţi călătorit în străinătate?
- Where?	- Unde?
Sexual activity (See "Infectious diseases")	Activitatea sexuală (Vezi „Boli infecţioase")
Associated factors	*Factori asociaţi*
Are your stools pale?	Scaunul dumneavoastră e deschis la culoare?
Do you have dark urine?	Urina dumneavoastră e închisă la culoare?
Is your skin itchy?	Vă mănâncă pielea?
Have you an abdominal swelling?	Sunteţi balonat?
Do you feel tired easily?	Obosiţi repede?
Do you bruise easily?	Faceţi repede vânătăi?
Have you lost weight?	Aţi slăbit?
Do you have gallstones?	Aveţi calculi biliari?
Have you had your gallbladder removed?	V-a fost scoasă vezica biliară?

Gastrointestinal conditions / Boli gastrointestinale

Inflammatory bowel disease (IBD)	Boală inflamatorie intestinală (BII, IBD)
- Crohn's disease	- Boala Crohn
- Ulcerative colitis	- Colită ulcerativă/rectocolită hemoragică (RCUH)
Irritable bowel syndrome (IBS)	Sindrom de colon iritabil (SCI)
Coeliac disease	Boala celiacă
Diverticular disease	Diverticuloză colică
- Diverticulitis	- Diverticulită
Peptic ulcer disease (PUD)	Ulcer gastroduodenal (UGD)
Oesophagitis	Esofagită
Barrett's oesophagus	Esofagul Barrett
Duodenitis	Duodenită
Gastritis	Gastrită
Appendicitis	Apendicită
Peritonitis	Peritonită

Viral hepatitis (A, B, C, D)	Hepatită virală (A, B, C, D)
Hereditary haemochromatosis	Hemocromatoză ereditară
Alpha1-antitrypsin deficiency	Deficit de alfa1-antitripsină
Budd-Chiari syndrome	Sindromul Budd-Chiari
Primary biliary cirrhosis (PBC)	Ciroză biliară primară/primitivă (CBP)
Primary sclerosing cholangitis (PSC)	Colangită sclerozantă primară/primitivă (CSP)
Autoimmune hepatitis	Hepatită autoimună
Wilson's disease	Boala Wilson
Hepatocellular carcinoma (HCC)	Carcinom hepatocelular (CHC)
Fatty liver/steatosis	Ficat gras/steatoză
Spontaneous bacterial peritonitis (SBP)	Peritonită bacteriană spontană (PBS)
Cirrhosis	Ciroză
Gallstones	Calculi biliari, litiază biliară
Biliary colic	Colică biliară
Cholecystitis	Colecistită
Cholelithiasis	Colelitiază
Cholestasis	Colestază
Pancreatitis	Pancreatită

Clinical examination / Examenul clinic

(figure 4)	(figura 4)
Can you lie flat on your back?	Puteţi să vă întindeţi pe spate?
Can you lie down on your back with your knees flexed?	Puteţi să vă întindeţi pe spate şi să îndoiţi genunchii?
The English doctor examines the patient lying totally flat.	Medicul englez examinează bolnavul în poziţie complet orizontală.
Can you remove your shirt?	Puteţi să vă scoateţi cămaşa?
Lift up your top.	Ridicaţi-vă bluza.
You may leave your bra on.	Puteţi să rămâneţi cu sutienul.

Inspection / Examinarea

Body mass index (BMI)	Indice de masă corporală (IMC)
Shape	Aspect
– Symmetrical	– Simetric

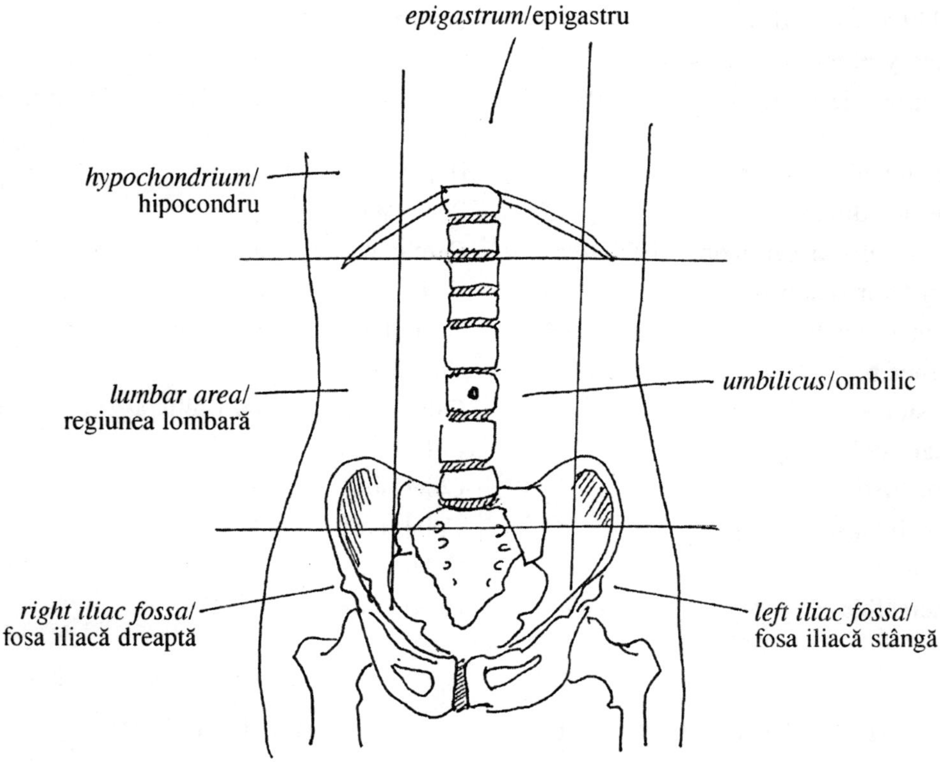

Figura 4. *Quadrants of abdomen / Cadranele abdomenului*

- Scars	- Cicatrice
How did you get this scar?	Cum v-aţi făcut această cicatrice?
- Striae	- Vergeturi
- Distended veins	- Vene umflate
- Swellings	- Umflături
Abdominal aortic aneurysm (AAA)	Anevrism de aortă abdominală
- Movements of the abdominal wall	- Mobilitatea peretelui abdominal
- Distended	- Balonat
- Ascites	- Ascită
Have you ever needed fluid to be taken from your stomach?	Vi s-a extras lichid din abdomen?
Paracentesis	Paracenteză
- Stoma	- Stomă
- Site	- Localizare
- Colostomy	- Colostomie
- Ileostomy	- Ileostomie
- Contents of the bag:	- Conţinutul pungii:
- semi-solid stool	- scaun semi-solid
- liquid stool	- scaun lichid
- Is it permanent?	- E permanentă?
- Is there a plan on reversing it?	- Există un plan pentru a o închide?

Palpation / Palparea

Miscellaneous / *Generalităţi*

I am going to examine your abdomen.	Vă voi examina abdomenul.
Relax your muscles.	Relaxaţi muşchii.
Breathe gently.	Respiraţi încet.
Does it hurt when I press here?	Vă doare când apăs aici?
- Light palpation	- Palpare superficială
- Deep palpation	- Palpare profundă
- Tenderness	- Sensibilitate
- Guarding	- Apărare
- Rigidity	- Rigiditate
- Board-like rigidity	- Abdomen de lemn
- Rebound tenderness	- Durere la decompresiune

I want you to tell me whether the pain is worse when I push down or when I let go.

Spuneţi-mi dacă durerea este mai puternică atunci când apăs sau atunci când încetez apăsarea.

Palpation of the different organs

- Liver – hepatomegaly
  - Lower edge
  - Straight
  - Irregular
  - Sharp
  - Thick
- Gallbladder
- Spleen
  - Splenomegaly
- Kidneys
  - An enlarged kidney can be balloted
- Hernial orifices
  - Cough.

Palparea diferitelor organe

- Ficat – hepatomegalie
  - Marginea inferioară
  - Regulat
  - Neregulat
  - Ascuţit
  - Dens
- Vezica biliară
- Splină
  - Splenomegalie
- Rinichi
  - Rinichiul mărit poate fi balotat
- Orificii herniare
  - Tuşiţi.

Palpation for masses

- Site
- Size
- Consistency
- Outlines (surface, edge)
- Mobility or fixity
- Tenderness

Palparea pentru identificarea tumorilor

- Localizare
- Dimensiune
- Consistenţă
- Contururi (suprafaţă, margine)
- Mobililate sau fixitate
- Sensibilitate

Percussion

- Dullness
- Resonant
- Fluid thrill
- Shifting dullness

Percuția

- Matitate
- Sonoritate
- Detectarea lichidului de ascită
- Matitate declivă

Auscultation

- Bowel sounds
  Bowel sound present (BS +)
- Bruit

Auscultaţia

- Zgomote intestinale/borborisme
  Zgomote intestinale/hidroaerice prezente
- Zgomot

Digital rectal examination (DRE)

I am going to examine your back passage.

This will be a bit uncomfortable.

But I will use gel on my finger to make it more comfortable.

Roll onto your side.

I need to do this test to check the reason why :

- you are bleeding from your rectum.
- you have a pain.

I am just going to check your muscle tone.

- Can you strain ?
- Can you squeeze my finger ?

Anal pathologies

Piles/haemorrhoids

Excoriations

Fistula in ano

Anal fissure

Prolapse

Tuşeul rectal (TR)

Vă voi face un tuşeu rectal.

Va fi puţin inconfortabil.

Dar voi pune gel pe deget, ca să fie mai confortabil.

Întoarceţi-vă pe o parte.

Trebuie să fac acest examen ca să văd motivul pentru care :

- aveţi sângerări rectale.
- aveţi dureri.

Voi examina tonusul dumneavoastră muscular.

- Puteţi să împingeţi ?
- Puteţi să-mi strângeţi degetul ?

Afecţiuni anale

Hemoroizi

Excoriaţii

Fistulă anală

Fisură anală

Prolaps

Investigations

Alimentary tract

Examination of the faeces

Microscopic examination

- Pus cells
- Red blood cells
- Ova/parasites

Culture

Investigaţii

Tubul digestiv

Analiza scaunului

Examen microscopic

- Puroi
- Hematii
- Ouă/paraziţi

Coprocultură

Chemical examination	Examen chimic
- Faecal occult blood (FOB)	- Sânge ocult în fecale
- Faecal elastase	- Elastază fecală
- Coeliac serology	- Diagnosticul serologic al bolii celiace
- Tissue transglutaminase (TTG)	- Transglutaminază tisulară (tTG)
- *Clostridium difficile* toxin (CDT)	- Toxina *Clostridium difficile*
Inflammatory markers	***Markeri ai inflamației***
C reactive protein (CRP)	Proteina C reactivă (CRP)
Erythrocyte sedimentation rate (ESR)	Viteza de sedimentare a hematiilor (VSH)
Radiology	***Examenul radiologic***
Plain film of abdomen (PFA)	Abdomen fără pregătire/pe gol
- Normal gas pattern	- Repartiţie normală a gazelor fiziologice
- Large bowel dilatation	- Dilatarea anselor colonului
- Small bowel loops dilatation	- Dilatarea anselor intestinului subţire
Erect CXR	Radiografie pulmonară în poziţie verticală
- Air under the diaphragm	- Aer sub diafragm
Barium meal	Tranzit baritat esogastroduodenal
Barium enema	Clismă cu bariu
Angiography	Angiografie
Endoscopic examination ("Camera test")	***Examenul endoscopic***
Oesophagogastroduodenoscopy (OGD)	Fibroscopie esogastroduodenală
Proctoscopy	Rectoscopie
Sigmoidoscopy	Sigmoidoscopie
Colonoscopy	Colonoscopie
CT	Tomografie computerizată (CT)
T - thorax	T - torace
A - abdomen	A - abdomen
P - pelvis	P - pelvis

## Liver	## Ficatul
Biology	*Analize biologice*
Liver function tests (LFT)	Probe funcţionale hepatice
Alkaline phosphatase	Fosfatază alcalină
Gamma GT	Gama GT
Serum aminotransferase	Aminotransferaze serice/Transaminaze
- AST	- AST
- ALT	- ALT
Total bilirubin	Bilirubină totală
Direct bilirubin	Bilirubină directă/conjugată
Serum protein	Proteine serice
Albumin	Albumină
Globulin	Globuline
Serum cholesterol	Colesterol seric
Prothrombin time	Timp de protrombină (timp Quick)
Serum iron	Fier seric
Ferritin	Feritină
Iron	Sideremie
Iron saturation	Saturaţia transferinei
Total iron binding capacity (TIBC)	Capacitatea totală de legare a fierului (CTLF, TIBC)
Alpha-fetoprotein (AFP)	Alfa-fetoproteină (AFP)
Other	*Alte examene*
Isotope scan	Scintigrafie
Ultrasound scan	Ecografie
Ascitic tap	Puncţie pentru extragerea lichidului de ascită
Needle biopsy of the liver	Puncţie-biopsie hepatică

## Gallbladder, bile ducts and pancreas	## Vezic(ul)a biliară, căile biliare şi pancreasul
Serum amylase	Amilază serică/Amilazemie
Serum lipase	Lipază serică
Ultrasound	Ecografie

Endoscopic retrograde cholangiopancreatography (ERCP)	Colangiopancreatografie endoscopică retrogradă (CPER, ERCP)
Magnetic resonance cholangiopancreatography (MRCP)	Colangiopancreatografie prin rezonanţă magnetică (CPRM/MRCP)

Endocrine system/ endocrinology — Sistemul endocrin/ endocrinologie

Diabetes mellitus — Diabetul zaharat

History — Anamneza

Recently have you been excessively tired?	Aţi fost extrem de obosit în ultima vreme?
Are you often thirsty?	Vă este sete adesea?
Are you urinating excessive amounts?	Eliminaţi cantităţi mari de urină?
Have you been losing weight despite having a good appetite?	Aţi slăbit deşi aveţi un apetit bun?
How long have you had diabetes? (See page 21)	De cât timp aveţi diabet? (Vezi pagina 21)
What age were you when you were diagnosed?	Ce vârstă aveaţi când aţi fost diagnosticat?
What weight were you at your diagnosis? (See page 24)	Ce greutate aveaţi atunci când aţi fost diagnosticat? (Vezi pagina 24)
What weight are you now?	Ce greutate aveţi acum?
Does diabetes run in the family?	Există diabetici în familia dumneavoastră?
Did you have problems with bloods sugars when you were pregnant?	Aţi avut probleme de glicemie în timpul sarcinii?
Is your condition controlled by:	Boala dumneavoastră este ţinută sub control prin:
– diet and lifestyle?	– dietă şi modul de viaţă?
– oral drugs?	– medicamente luate pe cale orală?
– insulin injections?	– injecţii cu insulină?
– insulin pump?	– pompă de insulină?
Do you feel your diabetes is controlled?	Credeţi că diabetul este sub control?
Do you know what your last HbA1c level was?	Ştiţi ce valoare HbA1c aţi avut ultima oară?

Have you ever been admitted to hospital because of:

Aţi fost vreodată internat în spital din cauza:

- low blood sugar?
- high blood sugar?
- diabetic ketoacidosis (DKA)?

- hipoglicemiei?
- hiperglicemiei?
- acidocetozei diabetice?

Do you follow a strict diet?

Urmaţi un regim strict?

Do you have a glucometer?

Aveţi glucometru?

How often do you check your glucose levels? (See pages 21, 23)

Cât de des vă verificaţi glicemia? (Vezi paginile 21, 23)

Do you record the readings in a book?

Vă notaţi valorile într-un carnet?

Did you bring it with you?

L-aţi adus?

Can I see it?

Pot să-l văd?

Do you know what to do if you get a low blood sugar reading?

Ştiţi ce trebuie să faceţi dacă aveţi hipoglicemie?

Do you change your insulin dosage in accordance with your blood glucose?

Vă modificaţi doza de insulină în funcţie de valoarea glicemiei?

Where do you normally inject your insulin?

Unde vă injectaţi insulina de obicei?

Is the area sore?

Locul respectiv vă doare?

Does diabetes affect your life?

Diabetul vă afectează viaţa?

Is your eyesight affected?

Vă este afectată vederea?

When did you last attend an ophthalmologist? (See page 21)

Când aţi fost ultima oară la un oftalmolog? (Vezi pagina 21)

Is your blood pressure usually controlled?

De obicei, tensiunea dumneavoastră este normală?

Do you go to a podiatrist for your feet?

Mergeţi la un podolog?

Do you have any ulcers?

Aveţi ulcere?

How long have they been there?

De cât timp le aveţi?

Do you have cuts/sores on your feet?

Aveţi răni/plăgi pe picioare?

Is your sensation normal?

Sensibilitatea dumneavoastră este normală?

Do you have problems maintaining an erection?

Aveţi probleme să menţineţi erecţia?

Impaired glucose tolerance (IGT)

Intoleranţă glucidică

Impaired fasting glucose (IFG)

Glicemie pe stomacul gol anormală

Insulin-dependent diabetes mellitus (IDDM)

Diabet insulinodependent (DID, IDDM)

Non-insulin-dependent diabetes mellitus (NIDDM)

Diabet non-insulinodependent (DNID, NIDDM)

Investigations	*Investigații*
Blood pressure	Tensiune arterială
Lying-standing blood pressure	Tensiune arterială în clinostatism (culcat) - în ortostatism (în picioare)
Fundoscopy	Fund de ochi/oftalmoscopie
Fasting glucose	Glicemie pe stomacul gol
Random glucose	Glicemie aleatorie
Ketones	Cetone
Glycated haemoglobin (HbA1c)	Hemoglobină glicozilată (HbA1c)
Finger prick test	Automăsurarea glicemiei
Fasting lipid	Lipide pe stomacul gol
Albumin : creatinine ratio (ACR)	Raportul albuminurie : creatininurie
Islet cell antibodies (ICA)	Anticorpi anti-celule insulare
Antiglutamic acid decarboxylase (GAD)	Anticorpi anti-GAD
Bariatric surgery	Chirurgie bariatrică

Thyroid gland / Glanda tiroidă

History / Anamneza

History	Anamneza
Has your appetite changed?	Pofta dumneavoastră de mâncare s-a schimbat?
Are you eating more?	Mâncaţi mai mult?
Have you lost your appetite?	V-aţi pierdut pofta de mâncare?
Has your weight changed?	Greutatea dumneavoastră s-a modificat?
See "Gastrointestinal system"	Vezi „Sistemul digestiv"
Have your bowel habits changed?	Tranzitul dumneavoastră intestinal s-a modificat?
Do you tend to have:	Manifestaţi tendinţa de:
- diarrhoea?	- diaree?
- constipation?	- constipaţie?
Do you sweat a lot?	Transpiraţi mult?
Have you found that you are sweating more than usual?	Vi se pare că transpiraţi mai mult decât de obicei?
Do you have an intolerance:	Aveţi intoleranţă:
- to cold weather?	- la frig?
- to hot weather?	- la căldură?

Do you get a tremor of your hands?	Vă tremură mâinile?
Are you losing:	Pierdeţi:
– more blood?	– mai mult sânge?
– less blood?	– mai puţin sânge?
– the same amount of blood as usual during your periods?	– aceeaşi cantitate de sânge ca de obicei în timpul menstruaţiei?
Have you had problems conceiving?	Aţi avut probleme să rămâneţi însărcinată?
Have you noticed that your skin has changed recently?	Aţi remarcat recent vreo schimbare în ce priveşte pielea?
Is it:	Este:
– drier?	– mai uscată?
– coarser?	– mai aspră?
– paler?	– mai palidă?
– flushed?	– roşie?
Has your hair got thinner?	Părul dumneavoastră este mai fragil?
Do you have:	Aveţi:
– muscle weakness?	– o slăbiciune musculară?
– cramps?	– crampe?
Do you feel irritable?	Sunteţi iritabil(ă)?
Does your mood go up and down?	Aveţi schimbări de dispoziţie?
Do you have trouble sleeping?	Aveţi tulburări de somn?
Do you suffer from:	Suferiţi de:
– palpitations?	– palpitaţii?
– an irregular heart beat (atrial fibrillation)?	– puls neregulat? (fibrilaţie atrială)
See "Cardiovascular system"	Vezi „Sistemul cardiovascular"
Do your eyes feel irritated?	Aveţi ochii iritaţi?
Do your eyes feel gritty?	Aveţi senzaţia de nisip în ochi?
Do your eyes feel dry?	Aveţi ochii uscaţi?
Do your eyes feel puffy?	Aveţi ochii umflaţi?
Do you suffer from:	Suferiţi de:
– increased tears?	– lăcrimare excesivă?
– double vision?	– vedere dublă?
Do you have protruding/staring eyes?	Aveţi ochi exoftalmici?
Do you have difficulty closing your eyes?	Aveţi dificultăţi să închideţi ochii?
Have you ever been on:	Aţi luat vreodată:
– amiodarone?	– amiodaronă?
– lithium?	– litiu?

For your thyroid complaint:

- have you ever had medications?
- have you ever had radio-iodine therapy?
- have you ever had surgery?

When did you last have your thyroid levels checked?

Do any of the following run in the family:

- Graves disease? (figure 5)
- diabetes (type 1)?
- Addison's disease?
- coeliac disease?
- vitiligo?

Pentru problema dumneavoastră tiroidiană:

- aţi luat medicamente?
- aţi urmat un tratament cu iod radioactiv?
- aţi suferit o intervenţie chirurgicală?

Când aţi făcut ultima dată analizele pentru tiroidă?

Aveţi în familie membri cu:

- boala Basedow? (figura 5)
- diabet (tip 1)?
- boala Addison?
- boala celiacă?
- vitiligo?

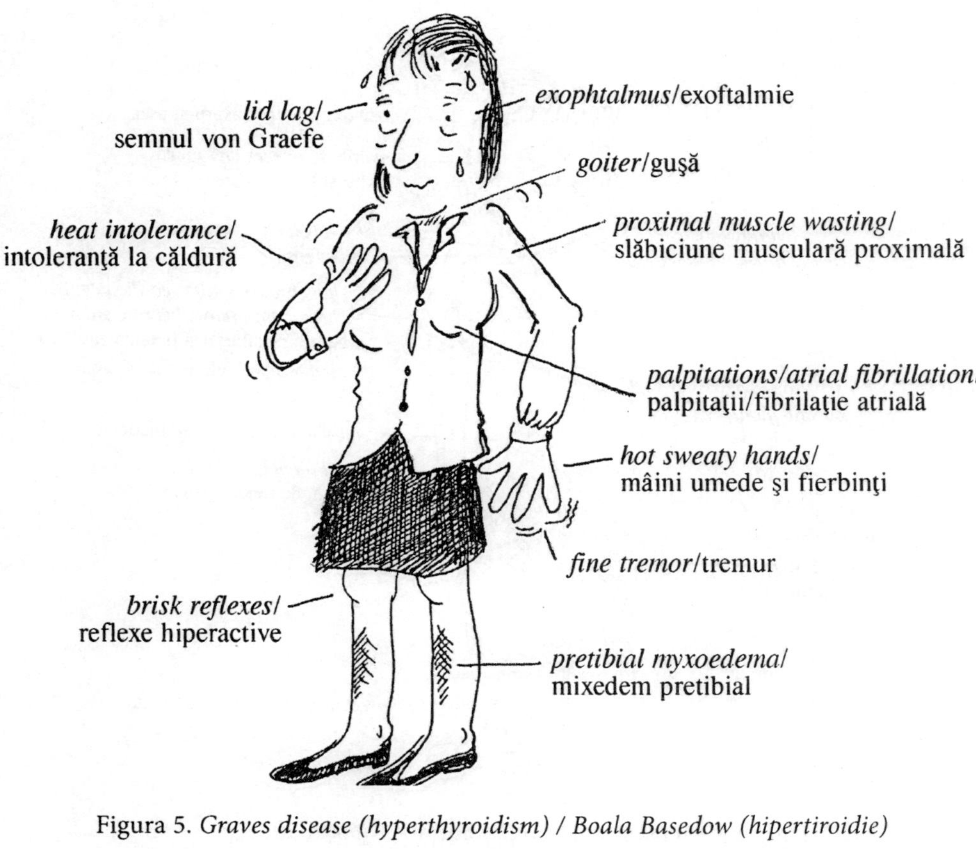

Figura 5. *Graves disease (hyperthyroidism) / Boala Basedow (hipertiroidie)*

Clinical examination

Have you ever noticed a swelling in your neck?

When did you first notice it? (See pages 21, 23)

Has the size increased?

Is it painful?

Does it affect you when:

- breathing?
- swallowing?

Does its appearance affect you?

Has your voice changed?

Hypothyroidism (figure 6)

Examenul clinic

Aţi remarcat o umflătură la nivelul gâtului?

Când aţi remarcat-o prima oară? (Vezi paginile 21, 23)

Dimensiunile ei au crescut?

E dureroasă?

Vă deranjează când:

- respiraţi?
- înghiţiţi?

Aspectul ei vă deranjează?

Vi s-a schimbat vocea?

Hipotiroidie (figura 6)

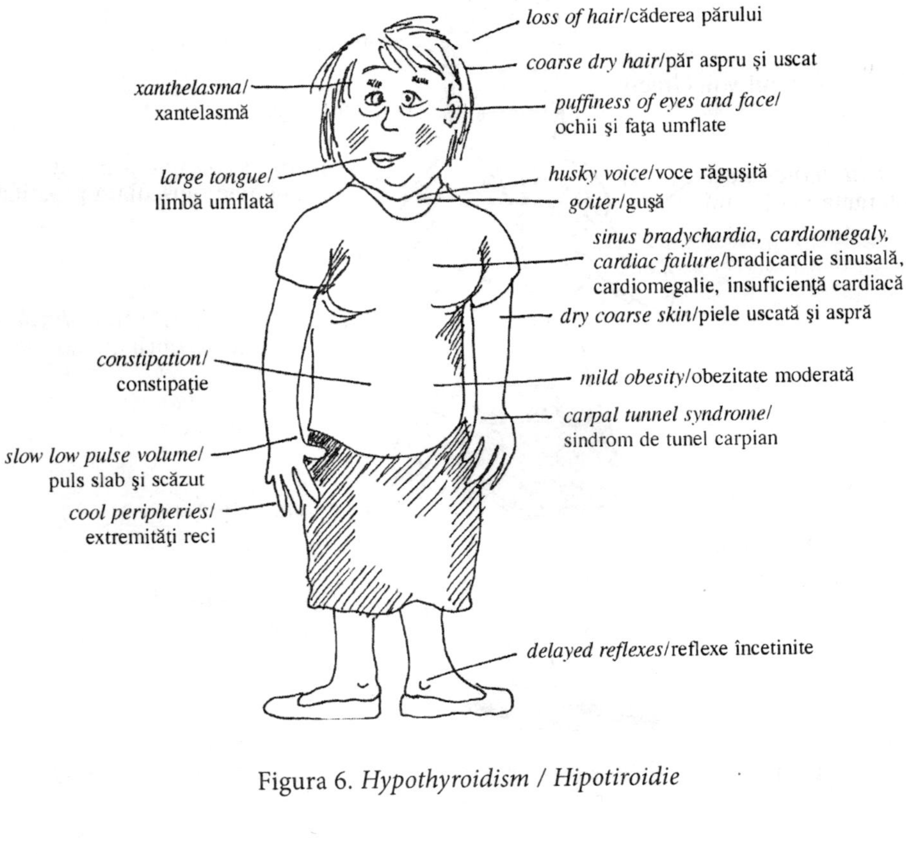

Figura 6. *Hypothyroidism / Hipotiroidie*

Investigations

Thyroid function test (TFT)
- TSH
- T_3
- T_4

Thyroid autoantibodies
Thyroid ultrasound
Isotope scan
Fine needle aspiration (FNA)

Investigaţii

Analiza funcţiei tiroidiene
- TSH
- T_3
- T_4

Anticorpi antitiroidieni
Ecografia glandei tiroide
Scintigrafie tiroidiană
Puncţie cu ac fin

Other endocrine conditions

Hypothalamus-pituitary axis

Diabetes insipidus
Acromegaly
Pituitary tumour
Pituitary apoplexy
Panhypopituitarism

Thyroid gland

De Quervain's thyroiditis
Hashimoto thyroiditis
Graves disease

Parathyroid glands

Hyperparathyroidism
Hypoparathyroidism

Pancreas

Insulin resistance
Gestational diabetes

Alte boli endocrine

Axul hipotalamo-hipofizar

Diabet insipid
Acromegalie
Tumoră hipofizară
Apoplexie pituitară
Panhipopituitarism

Glanda tiroidă

Tiroidită De Quervain
Tiroidită Hashimoto
Boala Basedow

Glandele paratiroide

Hiperparatiroidie
Hipoparatiroidie

Pancreasul

Rezistenţă la insulină
Diabet gestaţional

Adrenal gland / Glanda suprarenală

Adrenal gland	Glanda suprarenală
Adrenal insufficiency	Insuficienţă suprarenală
Cushing's syndrome (figure 7)	Sindromul Cushing (figura 7)
Addison's disease	Boala Addison
To be steroid dependent	A fi corticodependent
Phaeochromocytoma	Feocromocitom
Multiple endocrine neoplasia (MEN)	Neoplazii endocrine multiple (MEN)

Investigations / Investigaţii

Investigations	Investigaţii
24 hour urinary calcium	Calciu urinar 24 de ore
Dexamethasone suppression test	Test de supresie cu dexametazonă
Urinary free Cortisol	Cortizol liber urinar
Short ACTH stimulation test (Synacthen® test)	Test de stimulare cu ACTH (test cu Synachten®)

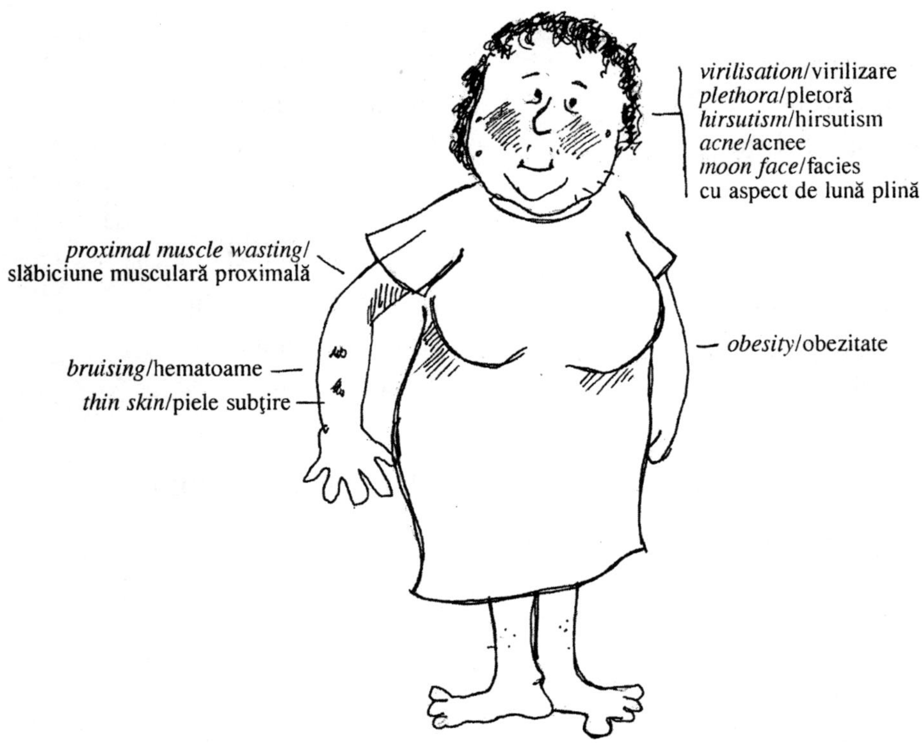

Figura 7. *Cushing syndrome / Sindromul Cushing*

Glucose tolerance test (CGT)	Test de toleranţă la glucoză (TTG)
Water deprivation test	Test de deprivare de apă
Luteinizing hormone (LH)	Hormon luteinizant (LH)
Follicle stimulating hormone (FSH)	Hormon foliculostimulant (FSH)
Testosterone	Testosteron
Oestradiol	Estradiol
Parathyroid hormone (PTH)	Hormon paratiroidian/parathormon (PTH)
Prolactin (PRL)	Prolactină (PRL)
Growth hormone (GH)	Hormon de creştere (GH)

Genito-urinary system/ nephrology/urology

History

Flank pain

(See page 35)

Site

Where does it hurt? (show me with your hand)

- lower abdomen
- around the bladder
- in the back:
  - on the leftside
  - on the right side
  - on both sides
- "in the kidneys"
- in the groin

Radiation

Does the pain move? (See above)

Associated factors

At the same time of the pain, do you:

- feel sick?
- get sick?
- sweat?
- get a fainting sensation? (a feeling that you are going to pass out)

Sistemul genito-urinar/ nefrologie/urologie

Anamneza

Durerea laterală/în flanc

(Vezi pagina 35)

Localizare

Unde vă doare? (arătaţi-mi cu mâna)

- în partea inferioară a abdomenului
- în regiunea vezicii urinare
- în spate:
  - la stânga
  - la dreapta
  - în ambele părţi
- „la rinichi"
- în regiunea şalelor

Iradiere

Durerea iradiază? (Vezi mai sus)

Factori asociaţi

Cât timp aveţi această durere:

- vă este greaţă?
- vomaţi?
- transpiraţi?
- aveţi senzaţia de leşin? (senzaţia că vă veţi pierde cunoştinţa)

- have a temperature/fever?
- have rigors?
- have a vaginal discharge?
- have a penile discharge?
- have a rash?
- have stinging/burning when you pass urine? (dysuria)
- have blood in your urine?

- aveţi temperatură/febră?
- aveţi frisoane?
- aveţi scurgeri vaginale?
- aveţi scurgeri din penis?
- aveţi o erupţie cutanată?
- aveţi înţepături/arsuri în timpul urinării? (disurie)
- urinaţi cu sânge?

Relieving factors

Does anything ease the pain?

- rest
- position
  - sitting
  - bending forward
- medication
  - Which one?
  - Show me the box.

Factori calmanți

Ce anume calmează această durere?

- repausul
- poziţia
  - şezând
  - aplecat în faţă
- medicamentele
  - Care?
  - Arătaţi-mi cutia.

Aggravating factors

What brings on the pain or makes it worse?

- the fact of not drinking enough water (dehydration)
- long drives in a car
- stress
- eating
- movements
  - change in position
  - breathing (inspiration)
- passing urine

Factori agravanți

Ce anume declanşează sau agravează durerea?

- faptul că nu beţi destulă apă (deshidratare)
- mersul mult timp cu maşina
- stresul
- mâncatul
- mişcările
  - schimbările de poziţie
  - respiraţia (inspiraţia)
- micţiunea

Micturition changes after the pain

Is the urine:

- clear?
- cloudy?

Modificări urinare după criza dureroasă

Urina este:

- limpede?
- tulbure?

- bloody ? — sangvinolentă ?

Have you noticed in the urine : — Aţi observat în urină :
- any stone ? — o piatră, un calcul ?
- any sand ? — nisip ?

Modification of urine / Modificări ale urinei

What is the colour of the urine ? — Ce culoare are urina dumneavoastră ?
- clear — deschisă
- dark — închisă
- cloudy — tulbure
- red — roşie

What is the smell of the urine ? — Cum este mirosul urinei dumneavoastră ?
- normal — normal
- offensive — neplăcut

Have you ever passed gas bubbles in your urine ? — Aţi avut vreodată gaze în urină ?

Show me your urine jar, please. — Arătaţi-mi recipientul cu urină, vă rog.

Haematuria / Hematuria

Have you passed blood in the urine ? — Aţi urinat vreodată cu sânge ?
- When ? (See page 21) — Când ? (Vezi pagina 21)
- How often ? (See page 23) — Cât de des ? (Vezi pagina 23)

Did your urine look like pure blood ? — Urina dumneavoastră arăta atunci exact ca sângele ?

Does the blood appear : — Sângele apare :
- at the beginning ? — la început ?
- in the middle ? — în timpul micţiunii ?
- at the end of micturition only ? — numai la sfârşitul micţiunii ?
- during all the micturition ? — pe toată durata micţiunii ?

Does this red colour of the urine appear : — Aspectul roşu al urinei apare :
- after taking medicine ? — după ce aţi luat medicamente ?
  - Which ones ? — Care ?
- after eating beetroot ? — după ce mâncaţi sfeclă ?
- during your periods ? — în timpul menstruaţiei ?

Do you have pain when you pass the bloody urine ? — Aveţi dureri când urinaţi cu sânge ?

Are you on any blood thinners?	Luaţi anticoagulante?
Have you suffered from any recent trauma to the lower back or abdomen?	Aţi suferit recent vreun traumatism în partea inferioară a spatelui sau a abdomenului?
Did you recently have a urinary catheter inserted?	Vi s-a pus recent o sondă urinară?
Do you suffer from recurrent kidney infections?	Aveţi infecţii urinare recidivante?
Have you ever suffered from renal colic, "kidneys stones"?	Aţi avut vreodată colici renale, „pietre la rinichi"?

Prostate problems / Probleme ale prostatei

How often do you urinate:	De câte ori urinaţi:
- during the day?	- pe zi?
- during the night?	- pe noapte?
Do you wake up at night because you have to pass urine?	Vă treziţi noaptea pentru că trebuie să urinaţi?
How much urine do you pass each time you go to the toilet? (See page 23)	Ce cantitate de urină eliminaţi la fiecare micţiune? (Vezi pagina 23)
Do you get pain on passing urine?	Aveţi dureri când urinaţi?
Is the pain:	Aceste dureri apar:
- before micturition?	- înaintea micţiunii?
- during micturition?	- în timpul micţiunii?
- after micturition?	- după micţiune?
Is it made worse by micturition?	Sunt agravate de micţiune?
What is the nature of those pains?	De ce natură sunt aceste dureri?
- dull pain	- dureri surde
- burning sensation	- senzaţia de arsură
Do you suffer from painful urges to micturate? (strangury)	Aveţi senzaţia dureroasă că trebuie să urinaţi? (strangurie)
Do you have to strain to pass water?	Trebuie să împingeţi pentru a putea urina?
Is the force of the stream:	Puterea jetului este:
- good?	- bună?
- weak?	- slabă?
Can you stop your urine stream at will?	Puteţi să întrerupeţi voluntar urinarea?
Is there dribbling at the end of micturition? (terminal dribbling)	La sfârşitul micţiunii mai picură stropi de urină?

Retention of urine

Were you ever unable to pass urine in spite of a desperate desire to do so?

Is there a family history of prostate cancer?

Retenția de urină

Vi s-a întâmplat ca, în ciuda nevoii imperioase, să nu puteţi urina?

În familia dumneavoastră au existat cazuri de cancer de prostată?

Associated factors

Did you lose weight?

Do you have bone pain?

Factori asociaţi

Aţi slăbit?

Aveţi dureri osoase?

Incontinence

Do you ever wet yourself? (Do you suffer from urinary incontinence?)

Incontinența

Aveţi pierderi de urină? (Suferiţi de incontinenţă urinară?)

Stress incontinence

Can you hold your urine when you:

- strain?
- sneeze?
- cough?
- laugh?
- lift something heavy?

Urge incontinence/overactive bladder syndrome

When you have the urge to urinate, are you unable to control your bladder?

Incontinența de stres/de efort

Puteţi să vă reţineţi şi să nu urinaţi când:

- împingeţi?
- strănutaţi?
- tuşiţi?
- râdeţi?
- ridicaţi un obiect greu?

Incontinenţă imperioasă/de urgenţă

Când simţiţi nevoia să urinaţi, vă este greu să vă controlaţi vezica?

Common urinary tract conditions

Urinary tract infection (UTI)

Urethritis

Cystitis

Prostatitis

Pyelonephritis

Glomerulonephritis (GN)

- Nephrotic syndrome
- Nephritic syndrome

Afecțiuni frecvente ale aparatului urinar

Infecţie urinară (IU)

Uretrită

Cistită

Prostatită

Pielonefrită

Glomerulonefrită (GN)

- Sindrom nefrotic
- Sindrom nefritic

Acute renal failure (ARF)/acute kidney injury (AKI)	Insuficienţă renală acută (IRA)
– Acute tubular necrosis (ATN)	– Necroză tubulară acută (NTA)
– Nephrotoxic drugs	– Medicamente nefrotoxice
– Contrast nephropathy	– Nefropatie de contrast
Chronic renal failure (CKD)	Insuficienţă renală cronică (IRC)
End stage renal failure (ESRF)	Insuficienţă renală terminală
Polycystic kidney disease (PCKD)	Rinichi polichistic
Renal calculi ("kidney stones")	Litiază renală („pietre la rinichi")
Benign prostatic hyperplasia (BPH)	Hipertrofie/Hiperplazie benignă de prostată (BPH, HBP)
Transurethral resection of prostate (TURP)	Rezecţia transuretrală a prostatei (RTUP, TURP)
Acute urinary retention	Retenţie urinară acută
Urinary catheter	Sondă urinară
Renal cell carcinoma	Carcinom cu celule renale
Transitional cell carcinoma (TCC)	Carcinom tranziţional al vezicii urinare
Nephroblastoma (Wilms tumour)	Nefroblastom (tumoră Wilms)
Prostate cancer	Cancer de prostată

Examination of the male genitalia / Examenul aparatului genital masculin

I am going to examine your penis.	Vă voi examina penisul.
I am going to look for lumps in your testes.	Vă voi examina testiculele, să văd dacă prezintă umflături.
I am going to do a rectal examination to assess your prostate gland.	Vă voi face un tuşeu rectal ca să vă examinez prostata.

Urinary system investigations / Examenul aparatului urinar

Urine test / Analiza urinei

Chemical examination	Examen chimic
Dipstick exam	Bandeletă urinară
– pH	– pH
– Proteinuria	– Proteinurie

– Glycosuria	– Glicozurie
– Ketonuria	– Cetonurie
Microscopic examination	Examen miscroscopic
Mid-stream urine (MSU)	Examenul citobacteriologic al urinei (ECBU)
– Urine sample	– Probă de urină
– 24 hour urine collection	– Recoltarea urinei pe parcursul a 24 de ore
– Urine dipstick	– Bandeletă urinară
– Casts	– Cilindri
– Crystals	– Cristale
– Epithelial cells	– Celule epiteliale
– Erythrocytes	– Hematii
– Leucocytes	– Leucocite
– Pus cells	– Piurie
– Bacteriuria	– Bacteriurie

Blood tests / Analiza sângelui

Urea & electrolytes (U&E) / *Ionograma*

Blood urea	Uree sangvină
Creatinine	Creatinină
Electrolytes	Ionogramă sangvină
– Sodium (Na^+)	– Sodiu (Na^+)
– Potassium (K^+)	– Potasiu (K^+)
– Calcium (Ca^{2+})	– Calciu (Ca^{2+})
Prostate specific antigen (PSA)	Antigen specific prostatic (ASP, PSA)
Glomerular filtration rate (GFR)	Rată de filtrare glomerulară (RFG)
Albumin : creatinine ratio (ACR)	Raportul albuminurie : creatininurie

Radiology / Examenul radiologic

Plain film of the abdomen	Abdomen fără pregătire/pe gol
– KUB (kidneys, ureter, bladder)	– KUB (rinichi, uretere, vezică)
Renal ultrasound	Ecografie renală
Cystoscopy	Citoscopie
Renal biopsy	Biopsie renală

Dialysis

Peritoneal dialysis
- Continuous ambulatory peritoneal dialysis (CAPD)

Hemodialysis therapy
- Arteriovenous (AV) fistula

Kidney transplant

Dializa

Dializă peritoneală
- Dializă peritoneală ambulatorie continuă (DPAC)

Tratament prin hemodializă
- Fistulă arteriovenoasă (FAV)

Transplant de rinichi

Nervous system/ neurology

Sistemul nervos/ neurologie

History

Anamneza

Headache

Dureri de cap/cefalee

(See page 35)

(Vezi pagina 35)

Do you get headaches?	Aveţi dureri de cap?
Do you have a headache?	Vă doare capul?
Are you prone to headaches, migraines?	Aveţi tendinţa să faceţi migrene?
Are you on any medication to control them?	Luaţi medicamente pentru a le controla?

Site / *Localizare*

Where does it hurt? (show me with your hand)	Unde vă doare? (arătaţi-mi cu mâna)
– Unilateral headaches	– Cefalee unilaterală
– Pain over your eyes	– Durere deasupra ochilor
– Headache over the occiput	– Cefalee deasupra occiputului

Nature / *Tip*

Describe the pain.	Descrieţi durerea.
Is it:	Este:
– a mild discomfort?	– un uşor disconfort?
– a pain that comes and goes and migrates?	– o durere intermitentă, care migrează?
– a nagging pain?	– o durere continuă, supărătoare?
– a stabbing pain (a sharp pain/"like a knife")?	– ca o lovitură de cuţit?
– throbbing?	– pulsatilă?
– shooting?	– sfâşietoare?

- electric shock?
- crushing?
- heaviness?
- dull ache?
- sharp?
- constricting? (like a tightness)
- like wearing a tight helmet?

- ca un şoc electric?
- o senzaţie de zdrobire?
- ca o greutate?
- o durere surdă?
- ascuţită?
- ca o strânsoare?
- în „cască"?

Characteristic

Does it begin at its maximum intensity and remain at this level until it disappears?

Does it increase steadily?

If it began at its peak does it decline slowly?

Does it fluctuate? (it comes and goes now and again)

Caracteristici

Durerea începe la intensitatea maximă şi rămâne astfel până când dispare?

Se agravează progresiv?

Dacă începe la intensitatea maximă, se diminuează treptat?

Este fluctuantă? (vine, apoi dispare, după care reîncepe)

Radiation

Does the pain move:

- to the back?
- to the neck?

Iradiere

Durerea iradiază:

- în spate?
- în gât?

Associated factors

At the same time of the pain, do you:

- feel sick?
- get sick?
- sweat?
- get palpitations?
- get a fainting sensation? (a feeling that you are going to pass out)
- get visual symptoms?
  - blurring of vision
  - visual loss
  - double vision
- have jaw pain on eating? (jaw claudication)
- feel neck stiffness?

Factori asociaţi

Cât timp durează durerea:

- vă este greaţă?
- vomaţi?
- transpiraţi?
- aveţi palpitaţii?
- aveţi senzaţia de leşin? (senzaţia că vă veţi pierde cunoştinţa)
- aveţi tulburări de vedere?
  - vedere înceţoşată
  - pierderea vederii
  - vedere dublă
- aveţi dureri în mandibulă când mâncaţi? (claudicaţie mandibulară)
- vi se înţepeneşte ceafa?

Prodrome (aura)

Before the onset of the headaches:

- do you have some tears?
- do you have a runny nose?
- do you have some food cravings?
- do you have some flashing lights?
- do you have some black spots in front of your eyes?
- do you have to yawn?
- do you have a numbness of a body part?
- do you have some pins and needles in your limbs?
- do you have a slurred speech?

Are the headaches linked to your menstrual cycle?

Semne precursoare (aură)

Înainte să se declanşeze durerea de cap:

- lăcrimaţi?
- vă curge nasul?
- vă este poftă de anumite mâncăruri?
- vedeţi lumini ca nişte fulgere?
- vedeţi pete negre în faţa ochilor?
- căscaţi?
- vă amorţeşte o parte a corpului?
- aveţi furnicături în membre?
- aveţi tulburări de vorbire?

Durerile de cap sunt asociate cu ciclul menstrual?

Timing

How long does the pain last when you get it? (See pages 21, 23)

- minutes
- hours
- days

Is it worse at any particular time of day?

- morning time
- evening time
- night time – does the headache wake you up during the night?

Evoluţie

Cât timp durează durerea? (Vezi paginile 21, 23)

- minute
- ore
- zile

Este mai puternică într-un anumit moment al zilei?

- dimineaţa
- seara
- noaptea – durerile de cap vă trezesc în timpul nopţii?

Relieving factors

Does anything ease the pain?

- rest
- going into a dark room
- medication
  - pain killers
  - anti-inflammatory drugs

Factori calmanţi

Ce anume calmează această durere?

- repausul
- statul într-o cameră întunecată
- medicamentele
  - analgezice, antialgice
  - antiinflamatorii

Aggravating factors

What brings on the pain or makes it worse?

- light
- food
  - cheese
  - chocolate
  - wine
- stress
- coughing
- exercise
- change in position
  - leaning forward

Factori agravanţi

Ce anume declanşează sau agravează durerea?

- lumina
- alimentele
  - brânză
  - ciocolată
  - vin
- stresul
- tusea
- efortul
- schimbările de poziţie
  - aplecat în faţă

Cause of headaches

Meningitis
Encephalitis
Subarachnoid haemorrhage (SAH)
Extradural haematoma
Subdural haemorrhage
Acute glaucoma
Migraine
Cluster headache
Trigeminal neuralgia
Tension headache
Raised intracranial pressure (ICP)
Cervical spondylosis
Acute sinusitis
Medication overuse headache

Cauza durerilor de cap

Meningită
Encefalită
Hemoragie subarahnoidiană (HS)
Hematom extradural
Hemoragie subdurală
Glaucom acut
Migrenă
Algii vasculare ale feţei
Nevralgie de trigemen
Cefalee de tensiune
Presiune intracraniană crescută
Spondilită cervicală
Şinuzită acută
Cefalee cauzată de abuzul de medicamente

Motor disturbances

Loss of consciousness

Have you ever fainted, become unconscious, passed out?

Blackout/syncope

Tulburări motorii

Pierderea cunoştinţei

V-aţi pierdut vreodată cunoştinţa, aţi devenit inconştient, aţi leşinat?

Sincopă

How long were you unconscious? (See pages 21, 23)	Cât timp aţi fost inconştient? (Vezi paginile 21, 23)
Had this ever happened before?	Vi s-a mai întâmplat aşa ceva înainte?
How many times?	De câte ori?
Do you get any warning signs?	Există semne premonitorii?
– Sweating	– Transpiraţie
– Pallor	– Paloare
– Buzzing in the ear	– Ţiuit în urechi
– Nausea	– Greaţă
– Weakness	– Slăbiciune
Did it happen while you:	Aceasta vi s-a întâmplat când:
– were resting?	– vă odihneaţi?
– were doing exercise?	– făceaţi efort?
– were anxious?	– eraţi neliniştit?
– were in severe pain?	– sufereaţi de o durere puternică?
– were tired?	– eraţi obosit?
– were having a bout of coughing?	– aveaţi un acces de tuse?
– were suddenly changing your posture?	– vă schimbaţi brusc poziţia?
– were standing still without moving for some time?	– stăteaţi nemişcat în picioare un timp?
– were turning or hyperflexing your head?	– făceaţi o mişcare de rotaţie sau de hiperflexie a capului?

Seizure / *Criza de epilepsie*

Did you ever have an epileptic fit?	Aţi mai avut crize de epilepsie?
How old were you when you had your first seizure?	La ce vârstă aţi avut prima criză?
What has been:	Care a fost:
– the longest interval?	– cel mai lung interval?
– the shortest interval between seizures?	– cel mai scurt interval dintre crize?
Do they occur while you are sleeping?	Se produc în somn?
Can you tell when the fits are going to happen?	Puteţi prevedea apariţia crizelor de epilepsie?
Has anyone told you that before the attack you:	Vi s-a spus că înainte de criză:
– staggered around?	– vă clătinaţi?
– were confused?	– eraţi dezorientat?

Is the onset :	Debutul crizei este :
– sudden ?	– brusc ?
– gradual ?	– progresiv ?
Do you become rigid ?	Deveniţi rigid ?
Are convulsions present ?	Aveţi convulsii ?
Are these convulsions :	Aceste convulsii sunt :
– localised ?	– localizate ?
– Partial seizures	– Criză parţială
– generalised ?	– generalizate ?
– Tonic clonic seizure	– Criză tonico-clonică
– Absence seizure	– Absenţă
During the fit :	În timpul crizei :
– do you fall ?	– cădeţi ?
– have you ever hurt yourself ?	– v-aţi rănit vreodată ?
– do you bite your tongue ?	– vă muşcaţi limba ?
– do you micturate ?	– urinaţi ?
– do you soil yourself ?	– defecaţi ?
– do you stare blankly into space ?	– aveţi un aer absent ?
After the fit, are there any symptoms such as :	După criză aveţi simptome precum :
– drowsiness ?	– somnolenţă ?
– headache ?	– dureri de cap ?
– paralysis ?	– paralizie ?
– Transient focal paralysis (Todd's palsy)	– Deficit motor tranzitor (paralizie Todd)
Do you see things that are not there ?	Vedeţi lucruri inexistente ?
Do you hear things that are not there ?	Auziţi zgomote inexistente ?
Do you taste things that are not there ?	Simţiţi anumite gusturi ?
How long does it take you to feel back to normal ?	În cât timp reveniţi la starea dumneavoastră normală ?
Have you recently suffered from :	Aţi suferit recent :
– a head injury ? (See page 21)	– un traumatism cranian ? (Vezi pagina 21)
– a stroke ?	– un atac cerebral ?
– a headache ?	– de o durere de cap ?

Stroke (cerebrovascular accident [CVA])	*Atacul cerebral (accidentul vascular cerebral [AVC])*
Can you use your arms and legs normally?	Vă folosiţi normal de mâini şi de picioare?
Can you talk without difficulty?	Puteţi să vorbiţi fără dificultate?
At what time did you notice the weakness? (See page 21)	La ce oră aţi remarcat slăbiciunea? (Vezi pagina 21)
Are you on any blood thinning medications?	Luaţi anticoagulante?
Have you ever had a bleed in your brain?	Aţi avut vreodată o hemoragie intracraniană?
Have you ever had a stroke?	Aţi avut vreodată un atac cerebral?
Have you ever had a transient ischemic attack (TIA) (mini-stroke)?	Aţi avut vreodată un accident ischemic tranzitor (AIT) (mini-accident)?
What were your symptoms at the time?	Ce simptome aţi avut atunci?
– speech disturbance	– tulburări de vorbire
– visual disturbances	– tulburări de vedere
– motor disturbance	– tulburări motorii
– muscle weakness	– slăbiciune musculară
– paralysis	– paralizie

Paralysis	*Paralizia*
Can you use your arms and legs normally?	Vă folosiţi normal de mâini şi de picioare?
Are you paralysed?	Sunteţi paralizat?
Since when?	De când?
Did you have a stroke/an accident?	Aţi avut un atac/un accident cerebral?
What part of your body was first involved? (show it with your hands)	Ce parte a corpului a fost afectată prima? (arătaţi-mi cu mâna)
Is it less severe now?	Acum este mai puţin sever?
Have you regained any strength:	V-aţi recuperat forţa:
– in a limb?	– în vreun membru?
– in part of a limb?	– în vreo parte a unui membru?
Was it spontaneously?	V-aţi recuperat spontan?
Did you have intensive physiotherapy?	Aţi făcut fizioterapie intensivă?
Were you transferred to a neurological rehabilitation centre?	Aţi fost transferat într-un centru de recuperare neurologică?

Balance disturbance

Do you complain of vertigo?

Do you feel dizzy?

Do you feel that things are spinning around you?

Do you lose your balance:

- while walking?
- while standing?

Is it stopping you from standing or walking normally?

Did you ever fall down because of this lack of balance?

Do you always fall down on the same side?

- right side
- left side

Do you then feel nauseated?

Do you vomit?

Do you have a buzzing in your ears?

Tulburări de echilibru

Aveţi vertijuri?

Sunteţi ameţit?

Simţiţi că lucrurile se învârt în jurul dumneavoastră?

Vă pierdeţi echilibrul:

- când mergeţi?
- când staţi în picioare?

Aceasta vă împiedică să staţi drept sau să mergeţi normal?

Aţi căzut vreodată din cauza acestor pierderi de echilibru?

Cădeţi de fiecare dată pe aceeaşi parte?

- partea dreaptă
- partea stângă

În timpul crizelor vă este greaţă?

Vomaţi?

Vă ţiuie urechile?

Causes of vertigo

Benign positional vertigo (BPV)

Ménière's disease

Labyrinthitis

Cauzele vertijului

Vertij poziţional benign (VPB, BPV)

Boala Ménière

Labirintită

Neurological conditions

Upper motor neuron lesion (UMN)

Lower motor neuron lesions (LMN)

Myasthenia gravis (MC)

Parkinson's disease (figure 8)

Delirium

Dementia

Alzheimer's disease

Bell's palsy, facial paralysis

Demyelinating diseases

Guillain-Barré syndrome (GBS)

Acute disseminated encephalomyelitis (ADEM)

Afecţiuni neurologice

Leziunea neuronului motor superior

Leziunea neuronului motor inferior

Miastenie

Boala Parkinson (figura 8)

Delir

Demenţă

Boala Alzheimer

Paralizia Bell, paralizie facială

Boli demielinizante

Sindromul Guillain-Bárré

Encefalomielită acută diseminată (EAD)

Multiple sclerosis (MS)	Scleroză în plăci
Chronic inflammatory demyelinating polyneuropathy (CIPD)	Polineuropatie demielinizantă inflamatorie cronică (PDIC, CIPD)
Motor neurone disease (MND)	Boli ale neuronilor motori
Amyotrophic lateral sclerosis (ALS)	Scleroză laterală amiotrofică (SLA)
Progressive bulbar palsy (PBP)	Paralizie bulbară progresivă
Progressive multiple atrophy	Atrofie musculară progresivă
Primary lateral sclerosis	Scleroză laterală primară

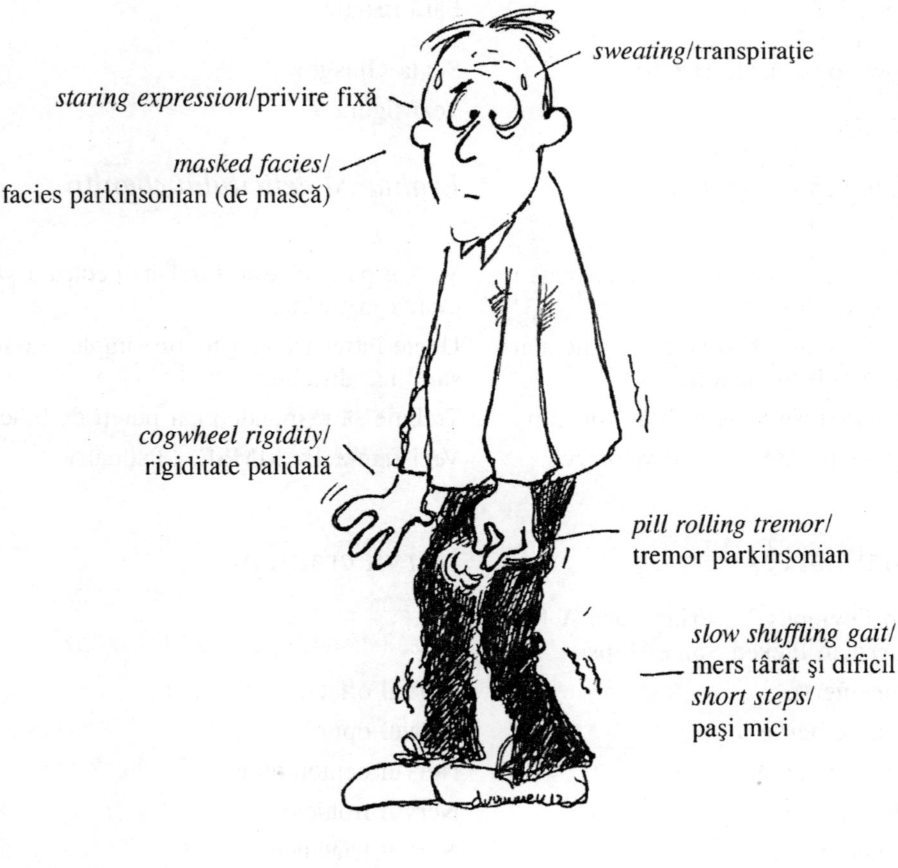

Figura 8. *Parkinson's disease / Boala Parkinson*

Clinical examination / Examenul clinic

Mental state / Starea mentală

Assessing the level of consciousness / *Evaluarea nivelului de conştienţă*

AVPU	AVPU (engl. : Alert, Voice, Pain, Unresponsive)
Alert	Alert (conştienţă normală)
Verbal	Răspuns la comenzi verbale
Pain	Răspuns la un stimul dureros
Unresponsive	Fără reacţie
Glasgow coma scale (CCS)	Scala Glasgow
See figure 9	Vezi figura 9

Assessing the cognitive impairment / *Evaluarea deficitului cognitiv*

I am going to ask you some questions to check your memory.	Vă voi pune câteva întrebări pentru a vă evalua memoria.
Some questions are very easy, others are more difficult to answer.	Unele întrebări sunt foarte simple, altele sunt mai dificile.
You should answer as well as you can.	Trebuie să răspundeţi cât puteţi de bine.
See figure 11, MMSE, "Psychiatry"	Vezi figura 11, MMSE, „Psihiatrie"

Cranial nerves / Nervii cranieni

On Old Olympus Towering Tops A Finn And German Picked Some Hops	
Olfactory nerve	Nervul olfactiv
Ophthalmic nerve	Nervul optic
Oculomotor nerve	Nervul oculomotor
Trochlear nerve	Nervul trohlear
Trigeminal nerve	Nervul trigemen
Abducent nerve	Nervul abducens
Facial nerve	Nervul facial
Auditory nerve	Nervul auditiv (nervul vestibulocohlear)
Glossopharyngeal nerve	Nervul glosofaringian

Vagus nerve — Nervul vag

Spinal accessory nerve — Nerv spinal (nerv accesor)

Hypoglossal nerve — Nerv hipoglos

Eye opening response	Points	Deschiderea ochilor
Spontaneous-open with blinking at baseline	4	Deschiderea spontană a ochilor
To verbal stimuli, command, speech	3	Deschiderea ochilor la stimuli verbali, la comandă
To pain only	2	Deschiderea ochilor doar la stimuli dureroşi
No response	1	Nu deschide ochii
Verbal response		**Răspuns verbal**
Oriented	5	Răspunsuri adecvate (orientate)
Confused conversation, but able to answer questions	4	Discurs confuz, dar capabil să răspundă la întrebări
Inappropriate words	3	Cuvinte inadecvate
Incomprehensible speech	2	Discurs incomprehensibil
No response	1	Niciun răspuns
Motor response		**Răspuns motor**
Obeys commands for movements	6	Ascultă comenzile
Purposeful movement to painful stimulus	5	Localizează stimulii dureroşi
Withdraws in response to pain	4	Retragerea membrului ca răspuns la durere
Flexion in response to pain (decorticate posturing)	3	Flexie ca răspuns la durere (decorticare)
Extension response in response to pain (decerebrate posturing)	2	Extensie ca răspuns la durere (decerebrare)
No response	1	Niciun răspuns

Figura 9. *Glasgow coma scale (GCS) / Scala Glasgow*

I — I

Have you a good sense of smell? — Aveţi un bun simţ al mirosului?

I, II — I, II

Visual acuity — Acuitatea vizuală

Can you read out the letters on this chart? — Puteţi citi literele de pe acest panou?

Visual fields — Câmpul vizual

I am going to check your blind spot. — Voi verifica unghiul mort.

Look directly into my eyes while I move this pin. — Priviţi-mă direct în ochi în timp ce mişc acest ac.

Let me know when you see the pin from the corner of your eye. — Spuneţi-mi când vedeţi acul în colţul ochiului.

Fundoscopy	Fundul de ochi
I am going to look at the back of your eye with this.	Vă voi face un examen de fund de ochi cu acest aparat.
Focus on a point in the distance behind me.	Concentraţi-vă asupra unui punct aflat la distanţă în spatele meu.
Papilloedema (swollen optic disk)	Edem papilar (inflamarea papilei optice)
Pupils	Pupilele
I am going to shine this light in your eyes.	Vă voi aprinde această lumină în ochi.
Equal in size, symmetrical and reactive to light	Pupile egale, simetrice şi reactive la lumină
Pupils equal, react to light and accommodation (PERLA)	Pupile egale, normale, contractile
Ptosis	Ptoză
Dilated pupil	Midriază
Fixed dilated pupil	Midriază areactivă
Accommodation	Acomodare
Colour vision	Vederea culorilor
III, IV, VI	III, IV, VI
I am going to check your eye movements.	Vă voi examina mişcările oculare.
Follow my finger with your eyes.	Urmăriţi-mi degetul cu privirea.
Tell me if you see double at any stage (diplopia).	Spuneţi-mi dacă la un moment dat vedeţi dublu (diplopie).
Nystagmus	Nistagmus
Palsy	Paralizie
Squint	Strabism
V	V
Motor fibres of mastication	Motricitatea – masticaţia
Clench your teeth.	Strângeţi dinţii.
Can you open your mouth wide?	Puteţi deschide gura larg?
Sensory to the face	Sensibilitatea facială
Does this feel sharp?	Acest obiect vi se pare ascuţit?
Does this feel blunt?	Acest obiect vi se pare bont?
VII	VII
Facial expression	Motricitatea facială
Copy what I do.	Imitaţi-mi gesturile.

– Raise your eyebrows.	– Ridicaţi din sprâncene.
– Show me your teeth.	– Arătaţi-mi dinţii.
– Puff out your cheeks.	– Umflaţi-vă obrajii.
Shut your eyes tight and stop me from opening them.	Închideţi bine ochii şi împiedicaţi-mă să vi-i deschid.
Bell's phenomenom	Fenomenul Bell
VIII	VIII
I am going to test your hearing with this tuning fork.	Vă voi examina auzul cu ajutorul acestui diapazon.
Where does it sound louder?	Unde se aude mai tare?
Is the buzzing louder on one side?	Vibraţiile se aud mai tare de o parte?
Deafness	Surditate
– conductive	– de transmisie
– sensorineural – sensorineural hearing loss (SNHL)	– de percepţie
Tinnitus	Acufene
Hearing aid	Proteză auditivă
IX, X	IX, X
Open your mouth and say "ahh".	Deschideţi gura larg şi spuneţi „aaa"
Gag reflex	Reflex faringian
XI	XI
Can you shrug your shoulders? Resist me pushing down.	Puteţi să ridicaţi din umeri? Împiedicaţi-mă să vi-i împing în jos.
Can you turn your head to one side? Resist my pushing.	Puteţi să întoarceţi capul într-o parte? Împiedicaţi-mă să vi-l mişc.
XII	XII
Stick out your tongue.	Scoateţi limba.

Motor nerve function / Funcţia nervului motor

Normal strength of muscles	Forţă musculară normală
Loss of muscle function	Forţă musculară scăzută
Paralysis	Paralizie
Hemiplegia	Hemiplegie
Quadriplegia	Cvadriplegie/tetraplegie

Tone of muscles

Hypertonia
Hypotonia
Wasting
Fasciculation
Flaccidity

Tonusul muscular

Hipertonie
Hipotonie
Caşexie
Fasciculaţie
Flaciditate

Tendon reflexes

I am going to check your reflexes with this small hammer.

Patella hammer

It won't hurt, just relax your muscle.

Biceps jerk
Triceps jerk
Knee jerk
Ankle jerk
Clonus

I am going to quickly straighten your ankle.

Plantar reflex

I am going to use this to stroke the sole of your foot. This may tickle.

Upgoing plantars (Babinski's sign)

Reflexele osteotendinoase

Vă voi examina reflexele cu ajutorul acestui ciocănel.

Ciocănel de reflexe

Nu vă va durea ; trebuie doar să vă relaxaţi.

Reflex bicipital
Reflex tricipital
Reflex rotulian
Reflex ahilean
Clonus

Vă voi îndrepta rapid glezna.

Reflex plantar

Voi folosi acest obiect şi vi-l voi trece peste talpă. S-ar putea să vă gâdile.

Extensia degetului mare (semnul Babinski)

Neck stiffness

Can you bring your chin forward to touch your chest?

I am going to bend your knees, one by one and then straighten. Tell me if this is sore.

Redoarea cefei

Puteţi să aplecaţi capul în faţă, astfel încât să vă atingeţi pieptul?

Vă voi îndoi genunchii pe rând, apoi vă voi întinde picioarele. Spuneţi-mi dacă vă doare.

Sensation

Light touch
Pain
Temperature

Sensibilitatea

Superficială epicritică
Dureroasă
Termică

Deep touch — Profundă
Position sense (proprioception) — Orientarea degetelor (propriocepţie)
Vibration sense — Sensibilitate vibratorie

Neurological examination / Examenul neurologic

Upper limbs / *Membrele superioare*

Shut your eyes and hold your arms out straight. — Închideţi ochii şi ţineţi braţele drepte.

Relax your muscles, make them floppy, allow me to move your joints. — Relaxaţi muşchii, lăsaţi-i moi, lăsaţi-mă să vă mişc articulaţiile.

Power — Forţa musculară

I am going to test how strong your muscles are. — Vă voi examina forţa musculară.

Don't let me straighten. — Nu mă lăsaţi să trag.
Push towards me. — Împingeţi spre mine.
Resist me. — Opuneţi-mi rezistenţă.

Coordination — Coordonarea

Touch your nose with your index finger and then reach out and touch my index finger. — Atingeţi-vă nasul cu degetul arătător, apoi atingeţi-mi degetul arătător cu arătătorul dumneavoastră.

Intention tremor — Tremor intenţional
Resting tremor — Tremor de repaus
Dysdiadochokinesis — Disdiadocokinezie

Sensation — Sensibilitatea

I am going to test your sensation. — Vă voi evalua sensibilitatea.

- Does this feel sharp? — Acest obiect vi se pare ascuţit?
- Does this feel blunt? — Acest obiect vi se pare bont?

Close your eyes and tell me when you feel this. — Închideţi ochii şi spuneţi-mi când simţiţi asta.

Peripheral neuropathy — Neuropatie periferică

Proprioception — Propriocepţia

Close your eyes, tell me if I have moved your finger up or down. — Închideţi ochii şi spuneţi-mi dacă v-am mişcat degetul în sus sau în jos.

Lower limbs / *Membrele inferioare*

You need to lie on the couch.	Întindeţi-vă pe pat.
Can you take off your trousers?	Puteţi să vă scoateţi pantalonii?
Keep on your underwear.	Păstraţi-vă lenjeria.
Do you have any pain anywhere?	Vă doare ceva?
Relax your legs.	Relaxaţi picioarele.
Let me move your joints.	Lăsaţi-mă să vă mişc articulaţiile.
- Straighten.	- Îndreptaţi.
- Bend.	- Îndoiţi.
- Don't let me.	- Opuneţi rezistenţă.
- Apart.	- Depărtaţi.
- Together.	- Ţineţi apropiat.
Coordination	Coordonarea
Run your heel up and down your shin quickly and smoothly.	Treceţi rapid şi uşor călcâiul de sus în jos de-a lungul tibiei.
Sensation	Sensibilitatea
Can you feel the vibration?	Simţiţi această vibraţie?
Tell me when it stops.	Spuneţi-mi când simţiţi că încetează.
Proprioception	Propriocepţia
Close your eyes, tell me if I have moved your toe up or down.	Închideţi ochii şi spuneţi-mi dacă v-am mişcat degetul de la picior în sus sau în jos.
Gait	Mersul
Can I get you to walk as normal up and down this room?	Puteţi merge înainte şi înapoi de-a lungul acestei camere?
Now can you walk like this? (heel - toe)	Acum puteţi merge aşa? (călcâi - vârf)
Can you squat and then stand up quickly?	Puteţi să vă ghemuiţi şi apoi să vă ridicaţi rapid în picioare?
Ataxic	Ataxic
Spastic	Spastic
Myopathic	Miopatic
Romberg's test	Testul Romberg
Stand with your feet together.	Staţi în picioare, cu picioarele apropiate.
Now shut your eyes.	Acum închideţi ochii.

I am going to push you but don't worry : I won't let you fall.

Vă voi împinge puţin înainte, dar nu vă îngrijoraţi : nu vă voi lăsa să cădeţi.

Investigations

Lumbar puncture (LP)

Cerebrospinal fluid (CSF)

Temporal artery biopsy

Electroencephalogram (EEG)

Electromyography (EMC)

Nerve conduction studies

CT brain

MRI brain

Investigaţii

Puncţie lombară

Lichid cerebrospinal/cefalorahidian (LCR)

Biopsie a arterei temporale

Electroencefalogramă (EEG)

Electromiografie (EMG)

Studierea conducerii nervoase

CT cerebral

RMN/IRM cerebral

Obstetrics and gynaecology

Obstetrică şi ginecologie

History

Anamneza

Menstruation

Menstruaţia

What age were you when you got your first period? (See pages 21, 23)

La ce vârstă aţi avut prima menstruaţie? (Vezi paginile 21, 23)

What is the date of your last menstrual period?

Care este data ultimei dumneavoastră menstruaţii?

Are your periods:

- regular?
- irregular?

  Have your periods always been irregular?

  Or is this a recent change?

Menstruaţia dumneavoastră este:

- regulată?
- neregulată?

  Menstruaţia a fost întotdeauna neregulată?

  Sau acesta e un fenomen recent?

How long do your periods last?

Cât timp durează menstruaţia?

Would you say that your periods are:

- light/scanty?
- average?
- heavy?

După părerea dumneavoastră, menstruaţia dumneavoastră este:

- puţin abundentă?
- normală?
- abundentă?

Do you pass any clots?

Eliminaţi cheaguri de sânge?

How many times do you have to change pad or tampons each day?

De câte ori pe zi trebuie să vă schimbaţi pad-urile igienice sau tampoanele?

Do your clothes get stained?

Vi se pătează hainele?

Are your periods painful? (dysmenorrhoea)

Aveţi dureri în timpul menstruaţiei? (dismenoree)

Do you get any abdominal pain in the middle of your cycle?

Aveţi dureri abdominale la mijlocul ciclului menstrual?

Premenstrual syndrome (PMS)

Sindrom premenstrual (SPM)

Abnormal vaginal bleeding

Do you bleed between your periods? (intermenstrual bleeding)

Have you noticed any bleeding after intercourse? (postcoital bleeding)

When was your last smear test? (See pages 21, 23)

Do you have pain during sexual intercourse? (dyspareunia)

Cervical cancer

Cervical dysplasia

Sângerarea vaginală anormală

Aveţi sângerări între menstruaţii? (sângerări intermenstruale)

Aţi remarcat sângerări după raportul sexual? (sângerare post-coitum)

Când aţi făcut ultimul frotiu? (Vezi paginile 21, 23)

Aveţi dureri în timpul raportului sexual? (dispareunie)

Cancer de col uterin

Displazie cervicală

Vaginal discharge

Have you a vaginal discharge?

What does it look like?

- yellowish
- reddish
- brown
- clear
- green
- creamy
- thick
- watery
- frothy
- sticky
- offensive (smelly)
- heavy
- scanty

Is the discharge at any particular point in your menstrual cycle:

- at the beginning?
- in the middle? (around ovulation)
- at the end?

Scurgerile vaginale

Aveţi scurgeri vaginale?

Care este aspectul lor?

- gălbui
- roşiatic
- maroniu
- limpede
- verzui
- cremos
- dens
- apos
- spumos
- lipicios
- urât mirositor
- abundent
- puţin abundent

Aveţi aceste scurgeri într-un anumit moment al ciclului:

- la început?
- la mijloc? (aproximativ în perioada ovulaţiei)
- la sfârşit?

Vaginal pruritus

Do you have:
- itching?
- pain?

  around:
  - vulva (exterior)?
  - vagina (interior)?

Have you ever had thrush before?

Pruritul vaginal

Aveţi:
- mâncărimi?
- dureri?

  la nivelul:
  - vulvei (la exterior)?
  - vaginului (în interior)?

Aţi avut vreodată micoză vaginală?

Preconception

Are you taking folic acid supplements?

Are you rubella immune?

Înaintea concepţiei

Luaţi suplimente de acid folic?

V-aţi vaccinat contra rubeolei?

Pregnancy

Are you pregnant?

Have you had a pregnancy test?

When are you due?

Estimated date of delivery (EDD)

Have you any morning sickness?

Do you feel the baby moving?

Have you had any health problems since you became pregnant?

Do you have:
- abdominal pain?
- vaginal bleeding?
- clear vaginal loss?
- burning or stinging when you pass urine?
- severe headache?
- blurred vision?
- dizziness?
- persistent itch?
- change/decrease in the baby's movements?
- swollen fingers?

Sarcina

Sunteţi însărcinată?

Aţi făcut un test de sarcină?

Care este data prevăzută pentru naştere?

Data estimată pentru naştere

Aveţi greţuri matinale?

Simţiţi copilul mişcând?

Aţi avut probleme de sănătate de când aţi rămas însărcinată?

Aveţi:
- dureri abdominale?
- hemoragii vaginale?
- scurgeri vaginale limpezi?
- senzaţia de arsură sau înţepături când urinaţi?
- o durere de cap severă?
- vederea înceţoşată?
- vertijuri?
- mâncărimi persistente?
- o schimbare/diminuare a mişcărilor bebeluşului?
- degetele umflate?

- swollen ankles ?
- gestational diabetes ?

Have your waters broke ?

Are you in labour ?

Are your contractions :

- numerous ?
- regular ?
- frequent ?
- more intense and closer together ?
- painful ?

Push !

I see the baby's head, stop pushing.

Take deep breaths.

- gleznele umflate ?
- diabet gestaţional ?

Vi s-a rupt apa ?

Aţi intrat în travaliu ?

Contracţiile sunt :

- multe ?
- regulate ?
- frecvente ?
- mai intense şi mai dese ?
- dureroase ?

Împingeţi !

Văd capul copilului, nu mai împingeţi.

Respiraţi profund.

Past pregnancies

Is it your first pregnancy ?

How many times have you been pregnant ?

Were your pregnancies :

- normal ?
- ectopic ?
- full term ?

Did you having problems with vaginal bleeding :

- during your pregnancy ?
  Antepartum haemorrhage (APH)
- after the delivery ?
  Postpartum haemorrhage (PPH)

Did you have any of the following complications ?

- Severe morning sickness
- Hyperemesis gravidarum
- Pre-eclampsia
- HELLP (Haemolysis, Elevated Liver enzymes, Low Platelets)
- Veno-thrombo-embolism (VTE)
  - Deep venous thrombosis (DVT)
  - Pulmonary embolism (PE)

Sarcini precedente

Este prima dumneavoastră sarcină ?

De câte ori aţi fost însărcinată ?

Sarcinile dumneavoastră au fost :

- normale ?
- extrauterine ?
- la termen ?

Aţi avut probleme de sângerare vaginală :

- în timpul sarcinii ?
  Hemoragie ante-partum (HAP)
- după naştere ?
  Hemoragie post-partum (HPP)

Aţi avut următoarele complicaţii :

- Greţuri matinale severe
- Hiperemeză gravidică
- Preeclampsie
- Sindromul HELLP (hemoliză, citoliză hepatică, trombocitopenie)
- Boala tromboembolică venoasă
  - Tromboză venoasă profundă (TVP)
  - Embolie pulmonară (EP)

Did you have:	Aţi avut:
– normal vaginal deliveries?	– naşteri normale, vaginale?
Spontaneous vaginal delivery (SVD)	Naştere vaginală spontană
Spontaneous rupture of membranes (SROM)	Rupere spontană a membranelor
Induced delivery	Naştere provocată
Forceps delivery	Naştere cu ajutorul forcepsului
Vacuum extractions	Naştere cu ajutorul vacuumului
– Caesarean sections?	– naşteri prin cezariană?
– emergency	– de urgenţă
– planned	– planificată
– premature?	– naşteri premature?
At how many weeks?	La câte săptămâni?
Premature rupture of membranes (PROM)	Ruperea prematură a membranelor
Have you ever had:	Aţi avut:
– a stillbirth?	– un copil născut mort?
– terminations of pregnancy?	– întreruperi de sarcină?
Miscarriage	Naştere falsă
Induced abortion	Întrerupere voluntară a sarcinii
Therapeutic abortion	Întreruperea sarcinii din motive medicale
– an unwanted pregnancy?	– o sarcină nedorită?
What was your children's birth weight? (See page 24)	Ce greutate au avut copiii dumneavoastră la naştere? (Vezi pagina 24)
Intrauterine foetal growth restriction (IUGR)	Restricţie de creştere intrauterină

Prolapse / Prolapsul

Do you have:	Aveţi:
– a feeling of something coming down?	– senzaţia unei bule în vagin?
– a dragging sensation, worse on:	– o senzaţie de greutate, mai puternică atunci când:
– standing?	– staţi în picioare?
– straining?	– vă forţaţi?
– coughing?	– tuşiţi?
– a ring pessary?	– un inel pesar?
Have you ever had an operation for this?	Aţi fost deja operată pentru asta?

Birth control

Do you use contraception?

Which one?

- condoms
- diaphragm
- oral contraceptive pill (OCP)
  - combined oral contraceptive (COC)
  - progesterone only pill (mini-pill) (POP)

  Have you forgotten to take the pill lately?

  When? (See page 21)
- intrauterine system (IUS) – Mirena®
- intrauterine contraceptive device (IUCD)
  - coil

  Have you had a coil fitted?

  When?
- implanon
- injection
- patch
- spermicidal gel
- rhythm method
- withdrawal method
- sterilisation
  - tubal ligation
  - vasectomy

Emergency contraception

Morning after pill (MAP)

How many hours has it been since you have had unprotected sex?

Is this the first time you are going to take this during this cycle?

If you vomit within three hours of taking the tablet you should come back.

What other medications are you on?

Contracepţia

Folosiţi metode contraceptive?

Care?

- prezervative
- diafragmă
- pilulă
  - pilulă combinată (estro-progestativă)
  - pilulă progestativă (microdozată)

  Aţi uitat să vă luaţi pilula în ultima vreme?

  Când? (Vezi pagina 21)
- sistem intrauterin – Mirena®
- dispozitiv contraceptiv intrauterin
  - sterilet

  V-aţi pus un sterilet?

  Când?
- implant contraceptiv
- contraceptive injectabile
- plasture contraceptiv
- gel spermicid
- metoda calendarului
- coitus interruptus
- sterilizare
  - legarea trompelor
  - vasectomie

Contracepţia de urgenţă

Pilula de a doua zi

Câte ore au trecut de când aţi avut raporturi sexuale neprotejate?

Este prima oară când luaţi pilula de a doua zi în timpul acestui ciclu?

Dacă vomaţi în primele trei ore după ce luaţi pilula, trebuie să reveniţi.

Ce alte medicamente luaţi?

Come back if :	Reveniţi dacă :
- you have abdominal pain.	- aveţi dureri abdominale.
- your next period :	- următorul ciclu :
- is overdue.	- întârzie.
- is abnormally light.	- este anormal de redus.
This will only protect you against pregnancy.	Aceasta doar vă va proteja contra sarcinii.
Do you think that you are at risk of sexually transmitted diseases (STD) ?	Credeţi că există riscul să aveţi o boală cu transmitere sexuală (BTS) ?
See "Infectious diseases"	Vezi „Boli infecţioase"

## Infertility	## Infertilitatea
How long have you been trying to get pregnant ? (See page 23)	De cât timp încercaţi să rămâneţi însărcinată ? (Vezi pagina 23)
Do you have sexual intercourse regularly ?	Faceţi sex regulat ?
Have you ever been pregnant :	Aţi rămas vreodată însărcinată :
- with your current partner ?	- cu partenerul dumneavoastră actual ?
- with a previous partner ?	- cu un alt partener ?
Has your partner any children from a previous relationship ?	Partenerul dumneavoastră are copii dintr-o relaţie anterioară ?
Have you ever had :	Aţi avut vreodată :
- miscarriages ?	- avorturi ?
- pelvic surgery ?	- operaţii pelvine ?
- sexually transmitted diseases ?	- boli cu transmitere sexuală ?
Have you previously suffered from :	Aţi suferit în trecut de :
- pelvic inflammatory disease (PID) ?	- boli inflamatorii pelvine ?
- polycystic ovary syndrome (PCOS) ?	- sindromul ovarului polichistic ?
Ovarian cysts	Chisturi ovariene
- endometriosis ?	- endometrioză ?
- thyroid dysfunction ?	- tulburări tiroidiene ?
- diabetes ?	- diabet ?
- inflammatory bowel disease (IBD) ?	- boli inflamatorii intestinale (BII) ?
- cancer treated by chemotherapy/radiotherapy ?	- cancer tratat prin chimioterapie/radioterapie ?
- eating disorder ?	- tulburări de alimentaţie ?
- anorexia nervosa	- anorexie nervoasă
- bulimia	- bulimie

Lifestyle	*Stilul de viață*
Do you feel that you do any of the following in excess :	Credeţi că faceţi în exces unul dintre următoarele lucruri :
– sport ?	– sport ?
– smoke ?	– fumat ?
– drink alcohol ?	– consum de alcool ?
Do you suffer from stress ?	Suferiţi de stres ?
Your partner :	Partenerul dumneavoastră :
– has he ever had mumps ?	– a avut oreion ?
– does he suffer from erectile dysfunction ?	– suferă de tulburări de erecţie ?
Have you considered :	Aţi luat în considerare :
– ovarian stimulation ?	– stimularea ovariană ?
– in vitro fertilisation (IVF) ?	– fecundarea in vitro (FIV, IVF) ?
– intra-uterine insemination ?	– inseminarea intrauterină ?
– oocyte donation ?	– donarea de ovule ?
– surrogacy ? Surrogate mother (authorised in United Kingdom and in the United States)	– maternitatea de substituţie ? Mamă surogat (autorizată în Marea Britanie şi Statele Unite)

Menopause / Menopauza

Have your periods stopped altogether ?	Sunteţi la menopauză ?
Since when ?	De când ?
Do you get hot flushes ?	Aveţi bufeuri ?
Do you suffer from :	Suferiţi de :
– vaginal dryness ?	– uscăciune vaginală ?
– loss of sex drive ? (libido)	– pierderea apetitului sexual ? (libido)
Are you on hormone replacement therapy (HRT) ?	Urmaţi un tratament de substituţie hormonală ?

Clinical examination / Examenul clinic

I am going to examine you “down below”.	Vă voi examina „jos”.
Lie down on the examination table.	Culcaţi-vă pe masă.
Spread your legs apart.	Depărtaţi picioarele.

Put your feet here in the stirrups.	Puneţi picioarele aici, în suporturi.
Does it hurt when I press here?	Vă doare când apăs aici?
I am just going to take a:	Vă voi preleva:
- vaginal swab.	- un eşantion vaginal.
- cervical smear.	- un frotiu cervical.
I am going to listen to the baby's heart.	Voi asculta inima bebeluşului.

Useful sentences during a delivery	Fraze utile în timpul naşterii
Push!	Împingeţi!
I see the baby's head, stop pushing.	Văd capul copilului, nu mai împingeţi.
Take deep breaths.	Respiraţi profund.

Investigations / Investigaţii

Speculum examination	Examen cu oglindă
Cervical smear/pap smear	Frotiu vaginal
Pregnancy test	Test de sarcină
Ultrasound (US)	Ecografie
- abdominal	- abdominală
- transvaginal (TVUS)	- transvaginală (ETV)
Cardiotocography (CTG)	Cardiotocografie (CTG)
Colposcopy	Colposcopie
Endometrial biopsy	Biopsie cervicală/de col uterin

Breast / Sânii

History / Anamneza

Breast lump / Umflături la nivelul sânilor

Do you examine your breasts regularly?	Vă examinaţi sânii regulat?
Have you ever felt a lump in one of your breasts?	Aţi simţit o umflătură la unul dintre sâni?

Associated factors / *Factori asociaţi*

Do you have any:	Aveţi:
– pain?	– dureri?
– swelling?	– o umflătură?
– itching?	– mâncărimi?
– skin changes?	– modificări ale pielii?
– eczema	– eczemă
– puckering of the skin (peau d'orange)	– aspect de coajă de portocală
– nipple discharge?	– o scurgere din mamelon?
– clear	– limpede
– bloody	– cu sânge
– milky	– lăptoasă
– one side?	– de o parte (unilateral)?
– both sides?	– de ambele părţi (bilateral)?
Does it occur:	Apare:
– spontaneously?	– spontan?
– when expressed?	– când presaţi?
Do you have any children?	Aveţi copii?
Did you breast-feed your children?	V-aţi alăptat copiii?
Did you bottle-feed your children?	V-aţi hrănit copiii cu biberonul?
What age were you when you:	La ce vârstă aţi avut:
– had your first period?	– prima menstruaţie?

- went through the change of life (menopause)?
- menopauza?

Have you had a mammogram before?
Aţi mai făcut o mamografie înainte?

When was your last mammogram?
Când aţi făcut ultima mamografie?

Do you have a family history of breast cancer?
Aveţi cazuri de cancer de sân în familie?

Mastalgia (breast pain) / Mastalgia (durerea de sân)

Do you get pain or tenderness in your breast before your periods?
Aveţi dureri sau simţiţi tensiune la nivelul sânilor în timpul menstruaţiei?

Cyclical pain
Dureri ciclice

Breast examination / Examinarea sânilor

I am going to examine your breasts.
Vă voi examina sânii.

Would you mind undressing?
Vă rog să vă dezbrăcaţi.

Could you please remove your bra?
Puteţi să vă scoateţi sutienul?

Show me where you felt the lump.
Arătaţi-mi unde aţi simţit umflătura.

I am just going to examine both breasts now.
Acum vă voi examina ambii sâni.

Let me know if there is any pain.
Spuneţi-mi dacă vă doare.

Can you sit at the edge of the couch?
Puteţi să vă aşezaţi la marginea mesei?

Keep your hands to the side.
Ţineţi mâinile în lateral.

Lift your hands above your head.
Ridicaţi mâinile deasupra capului.

Press them on your hips.
Puneţi mâinile în şold.

Now lie back.
Acum întindeţi-vă.

I am just going to feel for glands under your arm.
Vă voi palpa sub braţ, ca să detectez ganglioni.

I can't feel any lumps.
Nu simt nicio umflătură.

Common breast conditions / Afecţiuni frecvente ale sânilor

Fibroadenoma
Fibroadenom

Breast cyst
Chist mamar

Galactocele — Galactocel

Duct ectasia — Ectazie canaliculară

Breast abscess — Abces mamar

Breast surgery / Chirurgia sânilor

Breast reduction — Reducţie mamară

Breast augmentation — Augmentare mamară

Lumpectomy — Tumorectomie

Mastectomy — Mastectomie

In Ireland and United Kingdom, women with breast pathology are referred by their GP to breast surgeons.

În Irlanda şi Marea Britanie, femeile care suferă de o boală a sânilor sunt trimise de medicul specialist în medicină internă la chirurgi specializaţi în chirurgia sânului.

Paediatrics

Pediatrie

History

Anamneza

Miscellaneous (figure 10)

Has the child been in recent contact with anybody who is currently ill with a contagious disease?

Which disease?

See "Infectious diseases"

Is there any other member of the family currently ill?

What disease do they have?

See "List of symptoms, syndromes and diseases"

How many children are in the family?

What are their ages and sex (F : M)? (write it down please)

Did you have any:

- miscarriages?
- stillbirths?

Generalităţi (figura 10)

Copilul a venit recent în contact cu cineva care suferă de o boală contagioasă?

Ce boală?

Vezi „Boli infecţioase"

Alţi membri ai familiei sunt în prezent bolnavi?

Ce boală au?

Vezi „Lista simptomelor, sindroamelor şi bolilor"

Câţi copii sunt în familie?

Ce vârste şi ce sex au (F : M)? (scrieţi, vă rog)

Aţi avut:

- avorturi?
- copii născuţi morţi?

Pregnancy history

Were you well during the pregnancy?

Did you take any medication during the pregnancy? (which ones?)

Was he a full-term infant?

Was he a premature baby?

Was the delivery:

- a normal vaginal delivery?
- a Caesarian section?

Istoricul sarcinii

V-aţi simţit bine în timpul sarcinii?

Aţi luat medicamente în timpul sarcinii? (care?)

Bebeluşul s-a născut la termen?

A fost un copil născut prematur?

Naşterea a fost:

- normală, vaginală?
- prin cezariană?

- a forceps delivery ?
- a vacuum extraction ?

- cu forcepsul ?
- cu vacuumul ?

Neonatal period

What was the birth weight ? (See page 24)

Were there any complications in the newborn period such as :

- jaundice ?
- anaemia ?
- difficulty in breathing ?
- respiratory pauses ? (apnea)
- fits/convulsions ?
- vomiting ?
- a click in the hips ?

Did he have to spend time in the special care baby unit ?

Perioada neonatală

Care a fost greutatea la naştere ? (Vezi pagina 24)

După naştere, bebeluşul a prezentat complicaţii ca :

- icter ?
- anemie ?
- dificultăţi de respiraţie ?
- pauze respiratorii ? (apnee)
- convulsii ?
- vomă ?
- o problemă la nivelul şoldurilor ? (semn de resort)

A trebuit să stea un timp la reanimare neonatală ?

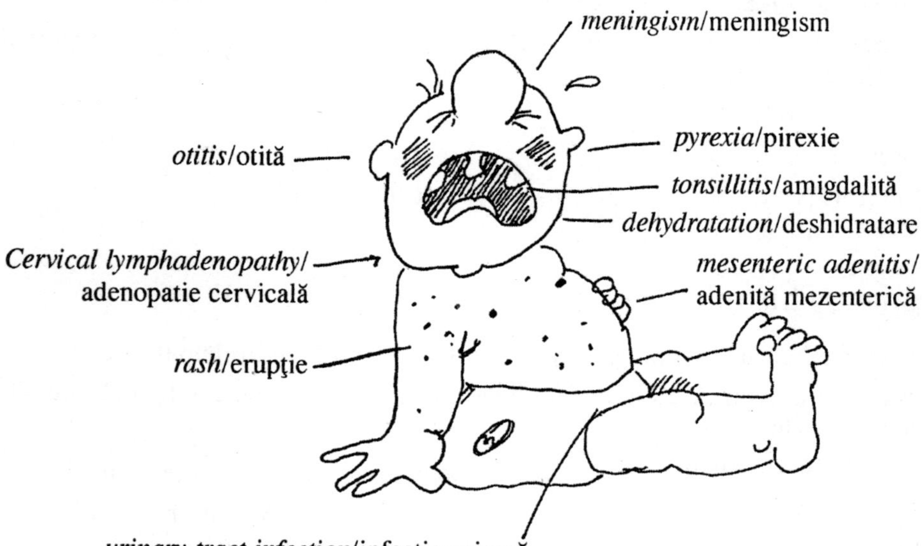

Figura 10. *Sick child / Copilul bolnav*

Feeding history

How was the child fed?

- breast-fed

  For how long? (See page 21)

- bottle-fed

Does he take vitamin D supplements?

At what age were solids introduced? (See page 21)

Is he a good eater?

Is he a poor eater?

Is he a very hungry baby?

Is he a colicky baby?

Is he a windy baby?

Are his bowel motions normal?

Did he have a satisfactory weight gain in infancy?

Failure to thrive

Short stature

Growth chart

Modul de alimentație

Cum a fost hrănit copilul?

- alăptat

  Cât timp? (Vezi pagina 21)

- hrănit cu biberonul

Ia suplimente de vitamina D?

La ce vârstă i-ați introdus alimente solide? (Vezi pagina 21)

Mănâncă bine?

Mănâncă puţin?

Îi este mereu foame?

Are colici dese?

Elimină des gaze?

Scaunul lui este normal?

A luat normal în greutate?

Scădere în curba de creştere

Înălţime mică

Curbă de creştere

Immunisations

Are his vaccinations up to date?

Has he been immunised? When? (date)

- Diptheria
- Tetanus
- Poliomyelitis (polio)
- Pertussis (whooping cough)
- Haemophilus influenza B (Hib)
- Measles
- Mumps
- Rubella (German measles)
- Pneumococcal vaccine (PCV)
- Meningococcal C
- Human papillomavirus (HPV)
- Influenza (flu)
- Hepatitis B

Vaccinări

Vaccinările sunt la zi?

Copilul a fost vaccinat? Când? (data)

- Difterie
- Tetanos
- Poliomielită
- Pertussis (tuse convulsivă)
- Haemophilus influenzae tip B (Hib)
- Rujeolă
- Oreion
- Rubeolă
- Pneumococ
- Meningococ C
- Papiloma virus uman (HPV)
- Gripă
- Hepatită B

- Smallpox (vaccination stopped in the United States in 1972)
- Measles-mumps-rubella (MMR)
- BCG (bacillus Calmette-Guerin -tuberculosis vaccine)
- Combination vaccines
  - 6 in 1 = diphtheria, Haemophilus influenzae B (Hib), hepatitis B, pertussis (whooping cough), polio, tetanus
  - 4 in 1 = diphtheria, tetanus, polio, pertussis (whooping cough)

- Variolă (vaccinarea a fost oprită în Statele Unite în 1972)
- Rujeolă-oreion-rubeolă
- BCG (bacilul Calmette-Guérin - vaccin contra tuberculozei)
- Vaccinuri combinate
  - Vaccinuri hexavalente = difterie (D), Haemophilus influenzae B (Hib), hepatită B , pertussis, poliomielită inactivat (polio), tetanos (T)
  - Vaccinuri tetravalente = difterie, tetanos, polio, pertussis

Developmental milestones

How old was he when he first:
- smiled?
- held his head steady?
- turned his head to sound?
- sat without support?
- crawled?
- stood with support?
- walked alone?
- grasped an object?
- transferred toys from one hand to the other?
- dressed himself?
- said his first words?
- composed his first sentence?
- got toilet trained?
  - control of bowels
  - control of bladder

Does he sleep well?

Does he wet his bed at night?

Dezvoltarea psihomotorie

La ce vârstă:
- a zâmbit?
- şi-a ţinut capul drept?
- a întors capul după sunete?
- a stat în şezut fără sprijin?
- s-a târât?
- a stat în picioare cu sprijin?
- a mers singur?
- a apucat un obiect?
- a trecut obiecte dintr-o mână în alta?
- s-a îmbrăcat singur?
- a spus primele cuvinte?
- a spus prima propoziţie?
- a făcut la toaletă?
  - controlul scaunelor
  - controlul micţiunii

Doarme bine?

Face pipi în pat noaptea?

Some causes of developmental delay

Cerebral palsy

Dislexia

Autism

Down syndrome (trisomy 21)

Câteva cauze ale retardului psihomotor

Paralizie cerebrală

Dislexie

Autism

Sindrom Down (trisomie 21)

Social history

Does he attend school?

- Playschool
- Primary school

Does he like school?

Does he get on well at school?

Is he hyperactive?

Are there any behavioural problems?

Does he have tantrums?

Does he mix well with other children?

Has the child been separated from his mother?

At what age and for how long? (See page 21)

Who usually looks after the child:

- parents?
- grand-parents?
- others?

What do you work as?

Are there smokers in the house?

In this family, has there ever been any:

- non-accidental injury (NAI)?
- sudden infant death syndrome/cot death (SIDS)?

Mediul de viață

Merge la şcoală?

- Grădiniţă
- Şcoala primară

Îi place şcoala?

Se descurcă bine la şcoală?

Este hiperactiv?

Are tulburări de comportament?

Este coleric?

Se înţelege bine cu alţi copii?

Copilul a fost separat de mamă?

La ce vârstă şi pentru cât timp? (Vezi pagina 21)

Cine se ocupă de copil în general:

- părinţii?
- bunicii?
- altă persoană?

Ce meserie aveţi?

Sunt fumători în casă?

În familie a avut loc vreodată:

- maltratarea vreunui copil?
- vreo moarte subită a unui copil mic?

Childhood diseases

Has the child ever been admitted to hospital? (See page 1)

Bolile copilăriei

Copilul a stat vreodată în spital? (Vezi pagina 21)

Has the child ever had (and when):
- chickenpox?
- measles?
- German measles?
- scarlet fever?
- whooping cough?
- mumps?
- glandular fever?
- febrile convulsions?
- epileptic fits?
- tonsillitis?
- pharyngitis and sore throat?
- croup?
- otitis?
- meningitis?
- eczema?
- asthma?
- kidney infections?
- cystitis?
- gastroenteritis?
- constipation?

Has he had his appendix removed?

Copilul a avut (şi când):
- varicelă?
- rujeolă?
- rubeolă?
- scarlatină?
- tuse convulsivă?
- oreion?
- mononucleoză infecţioasă?
- convulsii febrile?
- crize de epilepsie?
- amigdalită?
- faringită şi dureri în gât?
- laringită?
- otită?
- meningită?
- eczemă?
- astm?
- infecţie urinară?
- cistită?
- gastroenterită?
- constipaţie?

I s-a scos apendicele?

Psychiatry / Psihiatrie

History / Anamneza

Mood disturbance	**Tulburări de dispoziție**
Anxiety	*Anxietatea*
Do you feel keyed up?	Vă simţiţi tensionat?
Are you worrying a lot?	Vă faceţi multe griji?
Are you irritable?	Sunteţi iritabil?
Do you have difficulty relaxing?	Vă este greu să vă relaxaţi?
Are you a poor sleeper?	Dormiţi prost?
Do you sleep:	Dormiţi:
– too much?	– prea mult?
– not enough?	– insuficient?
Because you have trouble getting to sleep?	Pentru că vă este greu să adormiţi?
Or because you wake up frequently?	Sau pentru că vă treziţi des?
Do you have nightmares?	Aveţi coşmaruri?
Do you get headaches?	Aveţi dureri de cap?
Do you often:	Vi se întâmplă des:
– feel dizzy?	– să vă simţiţi ameţit?
– feel shaky?	– să tremuraţi?
– sweat?	– să transpiraţi?
– have diarrhoea?	– să aveţi diaree?
– have a frequent need to micturate?	– să vă vină să urinaţi frecvent?
– have a tingling sensation (pins and needles)?	– să aveţi furnicături?
Are you worried about your health?	Sunteţi îngrijorat din cauza sănătăţii dumneavoastră?

Depression

Do you lack energy?

Do you feel down?

Have you any loss of your usual interests?

Have you lost confidence in yourself?

Do you ever feel completely hopeless?

Are you unable to concentrate?

Have you lost weigh? (due to poor appetite)

Do you wake up too early in the morning?

Do you feel worse in the morning?

Depresia

Sunteţi lipsit de energie?

Vă simţiţi deprimat?

V-aţi pierdut preocuparea pentru ceea ce vă interesează de obicei?

V-aţi pierdut încrederea în dumneavoastră înşivă?

Vă simţiţi vreodată complet disperat?

Sunteţi incapabil să vă concentraţi?

Aţi slăbit? (din cauza lipsei de poftă de mâncare)

Dimineaţa vă treziţi prea devreme?

Vă simţiţi mai rău dimineaţa?

Suicidal risk

Did you ever feel that life isn't worth living?

Have you ever thought of ending your life?

Have you planned what you will do?

Do you intend to carry it through? When? (See page 21)

Have you ever attempted suicide?

How?

- self-poisoning
- self-injury

When? (See page 21)

Suicide attempt

Was there someone close by?

Did you believe that what you did would kill you?

At the time did you really want to die?

How long had you been planning this?

What is your attitude about being alive now?

Are you:

- happy?
- sad?

Riscul de suicid

V-aţi gândit vreodată că viaţa nu merită să fie trăită?

V-aţi gândit vreodată să vă puneţi capăt vieţii?

Aţi prevăzut ce veţi face?

Intenţionaţi să puneţi asta în practică? Când? (Vezi pagina 21)

Aţi încercat vreodată să vă sinucideţi?

În ce fel?

- luând medicamente
- automutilare

Când? (Vezi pagina 21)

Tentativa de suicid

Era cineva în preajmă?

Aţi crezut că ceea ce făceaţi avea să vă ucidă?

În acel moment chiar aţi vrut să muriţi?

De cât timp plănuiseţi asta?

Ce credeţi despre faptul că în prezent sunteţi în viaţă?

Sunteţi:

- fericit?
- nefericit?

Thought content

Preoccupation

Do you have some thoughts that you just don't seem to be able to get out of your head?

Abnormal beliefs

Delusions

Do you think that others are trying to harm you?

Do you think that your body has changed in any way?

Do you think that you have special powers?

Do you think that you have been specially chosen?

Do others share your views?

Do you feel guilty?

Disorder of perception

Auditory hallucinations

Do you ever hear voices when there is no one there, or no one is talking?

Are these voices coming:

- from outside your head?
- from inside your head?

Visual hallucinations

Do you ever see things that no one else sees?

Collateral history

Conţinutul gândurilor

Fixaţie

Aveţi gânduri pe care nu reuşiţi să vi le scoateţi din cap?

Idei anormale

Iluzii

Aveţi impresia că ceilalţi încearcă să vă facă rău?

Aveţi impresia că corpul dumneavoastră s-a schimbat în vreun fel?

Credeţi că aveţi puteri speciale?

Credeţi că aţi fost special „ales"?

Ceilalţi vă împărtăşesc ideile?

Vă simţiţi vinovat?

Tulburări de percepţie

Halucinaţii auditive

Auziţi vreodată voci atunci când nu este nimeni în preajmă sau când nimeni nu vorbeşte?

Aceste voci vin:

- din afara capului dumneavoastră?
- din interiorul capului dumneavoastră?

Halucinaţii vizuale

Vedeţi vreodată lucruri pe care nimeni altcineva nu le vede?

Istoricul familial

Common psychiatric conditions

Schizophrenia

Bipolar disorder

Boli psihiatrice frecvente

Schizofrenie

Tulburare bipolară

Panic attacks	Atacuri de panică
Suicide attempt/ideas	Tentativă de suicid/idei suicidare
Deliberate self harm (DSH)	Automutilare deliberată
Attention deficit hyperactivity disorder (ADHD)	Tulburare de hiperactivitate cu deficit de atenţie (ADHD)
Autism	Autism
Eating disorder	Tulburări de alimentaţie
– Anorexia nervosa	– Anorexie nervoasă
– Bulimia	– Bulimie
Seasonal affective disorders (SAD)	Tulburări afective sezoniere
Post-traumatic stress disorder (PTSD)	Sindrom de stres posttraumatic

Intellectual functions / Funcţiile intelectuale

MMSE (Mini-Mental State Examination) (See figure 11)	MMSE (Mini-Mental State Examination) (Vezi figura 11)

Treatment / Tratament

Cognitive behavioural therapy (CBT)	Terapie cognitiv-comportamentală (TCC)
Mono-amine oxidase inhibitors (MAOI)	Inhibitori de monoamin-oxidază (IMAO)
Selective serotonin reuptake inhibitors (SSRI)	Inhibitori selectivi ai recaptării serotoninei (ISRS)
Tricyclic antidepressant (TCA)	Antidepresiv triciclic (ADT)
Benzodiazepines (BZD)	Benzodiazepine (BZD)
Electroconvulsive therapy (ECT)	Terapie electroconvulsivă/cu electroşocuri

Toxicomania and addiction (alcohol)	Toxicomania şi dependenţa (alcool)
How much alcohol do you drink per week? (units) (See page 23)	Ce cantitate de alcool beţi într-o săptămână? (unităţi) (Vezi pagina 23)
Do you drink mainly at weekends and at social events?	Beţi în principal în weekend şi la ocazii?
Do you ever drink alone?	Vi se întâmplă să beţi singur?
Have you been drinking more these days?	Zilele acestea aţi băut mai mult alcool?
Have you found that you have to drink more for the same effect? (tolerance)	V-aţi dat seama că trebuie să beţi mai mult ca să obţineţi acelaşi efect? (obişnuinţă)
In relation to your drinking habit:	Din cauza consumului de alcool:
- you are neglecting other parts of your life.	- neglijaţi alte aspecte ale vieţii.
- it is interfering with personal relationships.	- aveţi probleme în relaţiile cu ceilalţi.
- you are no longer able to function normally at work.	- nu mai sunteţi capabil să funcţionaţi normal la serviciu.
- you feel bad or guilty about it.	- vă simţiţi rău sau vinovat.
- you get annoyed when people criticise it.	- vă enervaţi când oamenii îl critică.
Have you ever had a drink first thing in the morning to steady your nerves or get rid of a hangover?	Aţi băut vreodată alcool dimineaţa la trezire ca să vă liniştiţi sau ca să alungaţi mahmureala?
Have you ever felt that you should cut down on your drinking?	Aţi simţit vreodată că ar trebui să reduceţi consumul de alcool?

Questions	Punctaj maxim	Întrebări
What is the year? What is the season? What is the date? What is the day of the week? What is the month?	5	În ce an suntem? În ce anotimp suntem? În ce dată suntem? Ce zi a săptămânii este? Ce lună este?
Where are we now? • State • County • Town/City • Hospital • Floor	5	Unde suntem? • Ţara • Cantonul/Regiunea • Oraşul • Spitalul • Etajul
The examiner names three unrelated objects clearly and slowly, then asks the patient to name all three of them. (1 point for every correct answer)	3	Examinatorul numeşte trei obiecte fără legătură între ele, clar şi încet, apoi îi cere pacientului să le numească pe toate trei (1 punct pentru fiecare răspuns corect)
"I would like you to count backward from 100 by sevens." Stop after five answers. Alternative: „Spell WORLD backward."	5	„Aş vrea să număraţi înapoi de la 100 scăzând de fiecare dată câte 7." Opriţi-vă după cinci răspunsuri. Alternativă: „Rostiţi invers cuvântul LUME".
"Earlier I told you the names of three things. Can you tell me what those were?"	3	„Mai devreme am numit trei obiecte. Îmi puteţi spune care erau acestea?"
Show the patient two simple objects, such as a wristwatch and a pencil, and ask the patient to name them.	2	Arătaţi-i pacientului două obiecte simple, de exemplu un ceas şi un stilou, şi cereţi-i să le numească.
Ask the patient to repeat: „No *ifs*, *ands*, or *buts*."	1	Cereţi-i pacientului să repete: „Niciun *dacă*, *şi* sau *dar*".
"Take the paper in your right hand, fold it in half, and put it on the floor."	3	„Luaţi această foaie de hârtie în mâna dreaptă, îndoiţi-o pe mijloc şi puneţi-o pe podea."
"Please read this and do what it says." (Written instructions: "Close your eyes")	1	„Vă rog să citiţi asta şi să faceţi ce se spune acolo." (Instrucţiuni scrise: „Închideţi ochii")
"Make up and write a sentence about anything." (This sentence must contain a noun and a verb)	1	„Scrieţi o frază despre orice." (Această frază trebuie să conţină un substantiv şi un verb)
"Please copy this picture." (All 10 angles must be present and two must intersect.) 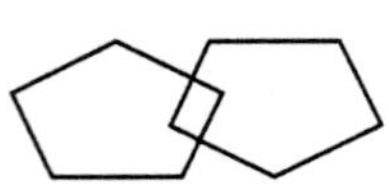	1	„Copiaţi, vă rog, această figură." (Toate cele 10 unghiuri trebuie să apară şi două trebuie să se intersecteze.) 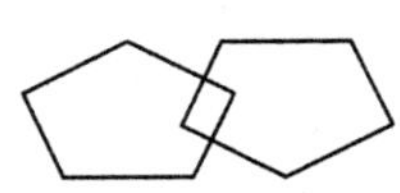
Total	30	Total

Figura 11. *MMSE (Mini-Mental State Examination)*

Infectious diseases

Boli infecţioase

History

Anamneza

The febrile patient

Pyrexia of unknown origin (PUO)

Do you have a high temperature?

Do you feel hot?

Do you feel very cold?

Do you have rigors/shiver a lot?

Do you have night sweats?

Do you sweat a lot?

What is your temperature? (See page 24)

How long have you had this fever? (See page 21)

Is it a recurrent fever?

Have you suffered from delirium, confusion with this temperature?

Do you have any headaches? (See page 103)

Is the light hurting your eyes? (photophobia)

Have you muscle pains?

Bolnavul febril

Pirexie de origine necunoscută

Aveţi febră?

Simţiţi că sunteţi fierbinte?

Simţiţi că sunteţi rece?

Aveţi frisoane?

Aveţi transpiraţii nocturne?

Transpiraţi mult?

Ce temperatură aveţi? (Vezi pagina 24)

De cât timp aveţi această temperatură? (Vezi pagina 21)

Este o febră recurentă?

Aţi avut momente de delir, confuzie asociate cu această febră?

Aveţi dureri de cap? (Vezi pagina 103)

Lumina vă deranjează? (fotofobie)

Aveţi dureri musculare?

Respiratory symptoms

(See page 55)

Have you a sore throat?

Have you a runny nose?

Are you sneezing a lot?

Have you a pain around the sinuses?

Have you a cough?

Are you coughing up sputum?

Simptome respiratorii

(Vezi pagina 55)

Vă doare gâtul?

Vă curge nasul?

Strănutaţi mult?

Aveţi dureri în regiunea sinusurilor?

Tuşiţi?

Expectoraţi?

Have you a wheeze? — Aveţi şuierături în piept?

Have you a shortness of breath? — Rămâneţi fără suflu?

Abdominal symptoms — *Simptome digestive*

(See page 67) — (Vezi pagina 67)

Have you diarrhoea? — Aveţi diaree?

Have you lost any weight? — Aţi slăbit?

Have you an abdominal pain? — Aveţi dureri abdominale?

Genitourinary symptoms — *Simptome genito-urinare*

(See page 95) — (Vezi pagina 95)

Are you passing urine more frequently? — Urinaţi mai des?

Have you: — Aveţi:

- a burning sensation when passing urine? — o senzaţie de arsură când urinaţi?
- pain in the kidneys? — dureri de rinichi?
- vaginal discharge? — scurgeri vaginale?
- discharge from the penis? — scurgeri din penis?

Had you ever had unprotected sexual intercourse? (See page 21) — Aţi avut raporturi sexuale neprotejate? (Vezi pagina 21)

Joint symptoms — *Simptome articulare*

Have you any: — Aveţi:

- joint pain? — dureri articulare?
- joint swelling? — articulaţiile umflate?
- redness around your joints? — o roşeaţă în jurul articulaţiilor?
- joints that feel unusually hot? — articulaţii care par anormal de fierbinţi?
- limitation of movements? — o limitare a mişcărilor?

Rash — *Erupţii*

(See page 173) — (Vezi pagina 173)

Have you a rash? — Aveţi o erupţie?

Have you a recent cut? — V-aţi tăiat recent?

Recent contact

(See page 21)

Have you been recently in contact with:
- animals?
- someone sick, with:
  - a rash?
  - a flu-like illness?
  - diarrhoea?
  - unexplained symptoms?

Have you recently been bitten by an animal or human?

Contacte recente

(Vezi pagina 21)

Aţi venit recent în contact cu:
- animale?
- o persoană bolnavă, care avea:
  - o erupţie?
  - gripă?
  - diaree?
  - simptome inexplicabile?

Aţi fost muşcat recent de un animal sau de un om?

Travel history

Have you been recently in a foreign country?

Where?

Was there:
- an endemic disease?
- an epidemic disease?
- a pandemic disease?

Călătorii

Aţi călătorit recent în străinătate?

Unde?

Acolo era:
- o endemie?
- o epidemie?
- o pandemie?

Drug history

Have you taken any new medications recently? (See page 235)

Consumul de medicamente

Aţi luat medicamente noi recent? (Vezi pagina 235)

Alcohol consumption

How much alcohol do you drink?

Consumul de alcool

Cât alcool beţi?

List of infectious diseases

Scabies
Whooping cough
Cat scratch disease
Tetanus
Leprosy
Syphilis
Poliomyelitis

Lista bolilor infecţioase

Scabie/râie
Tuse convulsivă
Boala ghearelor de pisică
Tetanos
Lepră
Sifilis
Poliomielită

Rabies	Rabie
Q-fever	Febra Q
Malaria	Malarie
Typhoid fever	Febră tifoidă
Yellow fever	Febră galbenă
Dengue fever	Febra Dengue
Lyme disease	Boala Lyme
Lassa fever	Febra Lassa
Herpes simplex virus (HSV)	Virusul Herpex Simplex (HSV)
Varicella zoster virus (VZV)	Virusul varicelo-zosterian (VZV)
- Chickenpox	- Varicelă
- Shingles	- Zona Zoster
Epstein-Barr virus (EBV)	Virusul Epstein-Barr (EBV)
Glandular fever/infectious mononucleosis/"kissing disease"	Mononucleoză infecţioasă/„boala sărutului"
Influenza, "flu"	Gripă
Cytomegalovirus (CMV)	Citomegalovirus (CMV)
Viral hepatitis	Hepatită virală
- Hepatitis A virus (HAV)	- Virusul hepatitei A (VHA)
- Hepatitis B virus (HBV)	- Virusul hepatitei B (VHB)
- Hepatitis C virus (HCV)	- Virusul hepatitei C (VHC)
Notifiable diseases (*See national guidelines)*	Boli care trebuie declarate obligatoriu (*Vezi recomandările ţării respective*)

Clinical examination / Examenul clinic

See other chapters	Vezi celelalte capitole

Investigations / Investigaţii

Full blood count (FBC)	Numărarea formulei sangvine (NFS)
Erythrocyte sedimentation rate (ESR)	Viteza de sedimetare a hematiilor (VSH)
C reactive protein (CRP)	Proteina C reactivă (CRP)
Blood culture & sensitivity (C&S)	Hemocultură
Mid-stream urine (MSU)	Examenul citobacteriologic al urinei (ECBU)
Stool microscopy & culture	Examenul citobacteriologic al scaunului
Blood film	Frotiu sangvin

Sexually transmitted infections (STI)	Boli cu transmitere sexuală (BTS)
Do you have several sexual partners?	Aveţi mai mulţi parteneri sexuali?
What is your sexual orientation?	Care este orientarea dumneavoastră sexuală?
– heterosexual	– heterosexual(ă)
– bisexual	– bisexual(ă)
– homosexual	– homosexual(ă)
Men who have sex with men (MSM)	Bărbaţi care au relaţii sexuale cu bărbaţi
How many different sexual partners have you had?	Câţi parteneri sexuali aţi avut?
Have you or your partner any of the following symptoms?	Dumneavoastră sau partenerul dumneavoastră aveţi unul dintre următoarele simptome?
– vaginal or urethral discharge	– scurgeri vaginale sau uretrale
– genital lumps or bumps	– o umflătură sau o îngroşare în regiunea genitală
– genital warts	– veruci genitale, vegetaţii veneriene
– herpes	– herpes
Have you ever injected drugs?	V-aţi injectat vreodată droguri?
Does your partner use drugs?	Partenerul dumneavoastră consumă droguri?
Do you share needles?	Folosiţi aceeaşi seringă?
Have you ever had a sexually transmitted disease (STD)?	Aţi avut vreo boală cu transmitere sexuală (BTS)?
Was it fully treated?	A fost complet tratată?
Have you ever had:	Aţi avut:
– gonorrhea?	– gonoree?
– non-gonorrheal urethritis (NGU)?	– uretrită negonococică?
Chlamydia	*Chlamydia*
Trichomoniasis	Tricomonază
Syphilis	Sifilis
Genital herpes	Herpes genital
Human papillomavirus (HPV)	Papilomavirus uman (HPV)
Genital warts	Veruci genitale

Have you been tested for HIV/AIDS?	Aţi făcut un test HIV/SIDA?
How long ago?	Acum cât timp?
Are you prepared to have one?	Sunteţi pregătit pentru un test HIV/SIDA?
Do you know your HIV status?	Ştiţi statutul dumneavoastră HIV?
Do you know your partner's status?	Ştiţi ce statut are partenerul dumneavoastră?
Are you compliant with your prescribed medications?	Urmaţi tratamentul care v-a fost prescris?
Are you currently on highly active antiretroviral medications (HAART)?	Urmaţi tratamente antiretrovirale înalt active (HAART)?
Genitourinary medicine (GUM)/sexually transmitted disease (STD) clinic	Medicină genito-urinară/Centru de depistare a bolilor cu transmitere sexuală (BTS)
Are you followed up on a regular basis in a GUM clinic?	Sunteţi consultat regulat într-un centru specializat în medicină genito-urinară?
Post-exposure prophylaxis (PEP)	Profilaxie post-expunere (PEP)

Malaria — Malaria/Paludismul

Are you complaining of any of the following?	Prezentaţi următoarele simptome?
– vague flu-like symptoms	– simptome de gripă
– headache	– dureri de cap
– malaise	– stare de rău
– muscle pains (myalgia)	– dureri musculare (mialgie)
– loss of appetite (anorexia)	– pierderea poftei de mâncare (anorexie)
Have you recently travelled or stopped-over in a malaria endemic area?	Aţi călătorit sau aţi făcut escală recent într-o zonă unde există malarie?
When? (See page 21)	Când? (Vezi pagina 21)
Did you take precautions to avoid mosquitos?	V-aţi luat măsuri de precauţie contra ţânţarilor?
Did you have:	Aţi avut:
– insect repellent containing DEET?	– un insecticid care conţinea DEET?
– long lasting insecticide impregnated mosquito net?	– o plasă contra ţânţarilor impregnată cu insecticid cu acţiune îndelungată?
Did you wear long sleeves between dusk and dawn?	Aţi purtat haine cu mâneci lungi de la apusul soarelui până dimineaţa?

Did you take malaria prophylaxis?	Aţi urmat un tratament profilactic contra malariei?
– Chloroquine	– Clorochină
– Mefloquine	– Meflochină
– Doxycycline	– Doxiciclină
– Malarone®	– Malarone®

Tuberculosis (TB) / Tuberculoza (TBC)

Have you ever been exposed to TB?	Aţi venit în contact cu o persoană bolnavă de tuberculoză?
Are you on immunosuppressant medications?	Urmaţi un tratament cu imunosupresoare?
Do you cough?	Tuşiţi?
Do you have any fever?	Aveţi febră?
Do you have any unintentional weight loss?	Aţi slăbit fără să fi intenţionat asta?
Do you have any:	Aveţi:
– malaise?	– o stare de rău general?
– night sweats?	– transpiraţii nocturne?
– haemoptysis/"blood in your sputum"?	– hemoptizie/„spută cu sânge"?

TB presentations / Forme de tuberculoză

Pulmonary	Pulmonară
Extrapulmonary	Extrapulmonară
Active	Activă
Latent	Latentă
Multidrug resistant (MDR)	Multirezistentă la medicamente
Extensive drug resistant (XRD)	Extensiv-rezistentă la medicamente

Investigations of TB / Investigaţii pentru depistarea tuberculozei

Mantoux test	Test Mantoux
Tuberculin test	Test de tuberculină
Blood film	Frotiu sangvin
Acid-fast bacilli (AFB)	Căutarea bacilului Koch
To ensure compliance:	Pentru a ne asigura că pacientul îşi ia medicamentele:
Directly observed treatment (DOTS)	Tratament DOTS

Hospital acquired/ nosocomial infections	Infecţii contractate în spital/nosocomiale
Vancomycin resistant enterococcus (VRE)	Enterococ rezistent la vancomicină
Methicillin sensitive *Staphylococcus aureus* (MSSA)	Stafilococ auriu sensibil la meticilină
Methicillin-resistant *Staphylococcus aureus* (MRSA)	Stafilococ auriu rezistent la meticilină
Clostridium difficile	*Clostridium difficile*
Infection control in health care	**Controlul infecţiilor în serviciile de sănătate**
Protective isolation	Izolare pentru protecţie
Contact precaution	Măsuri de precauţie în ce priveşte contactul
Droplet precautions	Măsuri de precauţie pentru evitarea stropilor
Single-use apron	Halat de unică folosinţă
Sterile gloves	Mănuşi sterile
Needle stick injury	Rană prin înţepare

Haematology / Hematologie

History / Anamneza

Miscellaneous	Generalități
Do you feel weak?	Vă simţiţi obosit?
Do you get tired easily?	Obosiţi repede?
Do you feel short of breath at times?	Simţiţi că rămâneţi fără suflu din când în când?
Do you feel dizzy when you stand up?	Vă simţiţi ameţit când vă ridicaţi?
Are you always so pale?	Mereu sunteţi atât de palid?
Do you bleed easily?	Sângeraţi uşor?
Do you have bleeding gums?	Vă sângerează gingiile?
Have you noticed that you:	Aţi remarcat că:
– have bruises easily?	– tindeţi să aveţi vânătăi?
– have red spots on your skin?	– aveţi puncte roşii pe piele?
– have swollen glands?	– aveţi ganglioni?
– have lost weight?	– aţi slăbit?
– have drenching night sweats?	– transpiraţi abundent noaptea?
– have an unexplained fever?	– faceţi febră în mod inexplicabil?
– have pain in your bones?	– aveţi dureri osoase?

Transfusions of blood products	Transfuzie de componente sangvine
Blood products	*Componente sangvine*
Packed red blood cells (RBC)	Concentrate de globule roşii
Platelets	Concentrate plachetare
Fresh frozen plasma (FFP)	Plasmă proaspătă congelată
Albumin	Albumină
Intravenous immunoglobulin (IVIg)	Imunoglobulină administrată intravenos

English	Română
Coagulation factor concentrates	Concentrate de factori de coagulare
Do you know what blood group you are?	Ştiţi ce grupă sangvină aveţi?
– A	– A
– B	– B
– 0	– 0
– AB	– AB
– Rh+	– Rh+
– Rh–	– Rh–
Group and crossmatch	Crossmatch (test de compatibilitate sangvină)
History	***Anamneza***
Have you ever had a blood transfusion before?	Aţi făcut vreodată o transfuzie de sânge?
What was it for?	Din ce motiv?
– sudden and significant blood loss	– pierdere de sânge importantă, bruscă
– after an accident	– după un accident
– after surgery	– după o intervenţie chirurgicală
– after delivery	– după o naştere
– gastrointestinal bleed	– hemoragie gastrointestinală
– during chemotherapy	– în timpul chimioterapiei
– due to a chronic illness	– din cauza unei boli cronice
During the transfusion, did you suffer from any complication?	Aţi avut complicaţii în timpul transfuziei?
– anaphylaxis, allergic reaction	– anafilaxie, reacţie alergică
– infection	– infecţie
– fever	– febră
– skin rash	– erupţie cutanată
– fluid overload	– exces de lichid
Have you ever had a bone marrow transplant?	Aţi făcut un transplant de măduvă?
Are you awaiting a bone marrow transplant?	Sunteţi în aşteptarea unui transplant de măduvă?

Haematological conditions	Boli hematologice
Monoclonal gammapathy of uncertain significance (MGUS)	Gamapatie monoclonală cu semnificaţie nedeterminată (GMSN, MGUS)
Multiple myeloma	Mielom multiplu (boala Kahler)
Leukemia (US)/leukaemia (UK)	Leucemie
- Acute lymphoblastic leukemia (ALL)	- Leucemie limfoblastică acută (LLA, LAL, ALL)
- Acute myeloid leukemia (AML)	- Leucemie mieloidă acută (LMA, AML)
- Chronic myeloid leukemia (CML)	- Leucemie mieloidă cronică (LMC, CML)
- Chronic lymphoid leukemia (CLL)	- Leucemie limfoidă cronică (LLC, CLL)
Lymphoma	Limfom
- Hodgkin	- Hodgkin
- Non-Hodgkin	- Non-Hodgkin
Neutropenia	Neutropenie
Neutropenic sepsis	Neutropenie febrilă
Graft versus host disease (GVHD)	Reacţia grefă contra gazdă (RGCG, GVHD)
Tumour lysis syndrome	Sindrom de liză tumorală
Disseminated intravascular coagulation (DIC)	Coagulare intravasculară diseminată
Microcytic anaemia	Anemie microcitară
- Iron deficiency anaemia (IDA)	- Anemie feriprivă/anemie prin carenţă de fier
Macrocytic anaemia	Anemie macrocitară
- Folate deficiency	- Anemie prin deficit de acid folic
- Vitamin B_{12} deficiency	- Anemie prin deficit de vitamina B_{12}
- - Pernicious anaemia	- - Anemie pernicioasă
Anemia of chronic disease	Anemie provocată de o boală cronică
Idiopathic thrombocytic purpura (ITP)	Purpură trombocitopenică idiopatică (PTI)
Haemophilia	Hemofilie
Von Willebrand's disease	Boala Von Willebrand
Haemolytic anaemia	Anemie hemolitică
Sickle cell anaemia	Anemie falciformă
Thalassemia	Talasemie
Myeloproliferative disorders	Sindroame mieloproliferative
- Polycythemia	- Policitemie
- Essential thrombocytopenia (ET)	- Trombocitemie esenţială
- Myelofibrosis	- Mielofibroză
Amyloid	Amiloid

Investigations / Investigaţii

Full blood count (FBC) / Numărarea formulei sangvine (NFS)

Haemoglobin (Hb)	Hemoglobină (Hb)
Red blood cells (RBC)	Globule roşii (RBC)
- Haematocrit (Hct)	- Hematocrit (Hct)
- Mean corpuscular volume (MCV)	- Volum globular mediu (MCV, VCM)
- Mean corpuscular haemoglobin concentration (MCHC)	- Concentraţie medie de hemoglobină corpusculară (MCHC)
- Mean corpuscular haemoglobin (MCH)	- Hemoglobină corpusculară medie (MCH)
White blood cells (WBC)	Globule albe (WBC)
Differential	Formula leucocitară
- Neutrophils	- Neutrofile
- Lymphocytes	- Limfocite
- Eosinophils	- Eozinofile
- Monocytes	- Monocite
Platelets	Plachete
Reticulocytes	Reticulocite
Blood film	Frotiu sangvin

Coagulation / Coagularea

International normalised ratio (INR)	Raport normalizat internaţional (INR)
Prothrombin time (PT)	Timp de protrombină (PT)
Activated partial thromboplastin time (APPT)	Timp de tromboplastină parţial activat (APTT)
Fibrin degradation products (FDP)	Produşi de degradare a fibrinogenului (PF)
- D-Dimer	- D-dimeri

Other tests / Alte teste

Erythrocyte sedimentation rate (ESR)	Viteza de sedimentare a hematiilor (VSH)
LDH	LDH
Total iron binding capacity (TIBC)	Capacitatea totală de legare/fixare a fierului (CTLF, TIBC)
Ferritin	Feritină

Serum B_{12}
Folate
Uric acid
Serum protein electrophoresis (SPEP)
$Beta_2$-microglobulin
Coombs test/antiglobulin test (AGT)
Bone marrow aspirate
Bone marrow biopsy
Lumbar puncture (LP)
Skeletal survey
Positron emission tomography (PET)

Vitamina B_{12} serică
Acid folic
Acid uric
Electroforeza proteinelor serice
$Beta_2$-microglobulină
Test Coombs/test cu antiglobulină
Mielogramă
Biopsie de măduvă osoasă
Puncţie lombară
Examene radiologice ale scheletului
Tomografie cu emisie de pozitroni (PET-CT)

Haematology and oncology terminology

Remission
Prognosis
Pancytopenia
Febrile neutropenia
Neutropenic sepsis
Staging
T - tumour
N - nodes
M - metastasis
Chemotherapy
- Targeted therapy

Radiotherapy
Residual disease
Stem cell harvest
Stem cell transplant/bone marrow transplant
- Autologous
- Sibling donor
- Unrelated donor

Terminologia folosită în hematologie şi oncologie

Remisie
Prognostic
Pancitopenie
Neutropenie febrilă
Septicemie neutropenică
Stadializare
T - tumoră
N - ganglioni/noduli
M - metastaze
Chimioterapie
- Terapie ţintită

Radioterapie
Boală reziduală
Recoltare de celule stem
Transplant de celule stem/transplant de măduvă osoasă
- Autolog/autogen
- Donator înrudit
- Donator neînrudit

## Vascular access	## Acces vascular
Central venous catheter (CVC)/central line	Cateter venos central/cale centrală
Hickman line	Cateter Hickman
Portacath	Cateter cu cameră implantabil
Vascular catheter ("vascath")	Cateter vascular
Peripherally inserted central catheter (PICC)	Cateter central cu inserţie periferică (PICC)
– Double lumen	– Lumen dublu

Rheumatology and traumatology

Reumatologie şi traumatologie

History

Anamneza

Joint pain

Durerea articulară

See "Pain"

Vezi „Durerea"

Do you get any pain in the joints?

Aveţi dureri articulare?

How long have you had the pain? (See page 21)

De când aveţi aceste dureri? (Vezi pagina 21)

Is it an acute pain?

E o durere acută?

Is it a chronic pain (present for at least three to six months)?

E o durere cronică (prezentă de cel puţin trei-şase luni)?

Site

Localizare

Is the pain:

- in all your joints?
- only in some joints?

Durerea este:

- în toate articulaţiile?
- doar în anumite articulaţii?

Show me them with your hand.

Arătaţi-mi-le cu mâna.

Is it a symmetrical distribution? Are your joints affected in a symmetrical manner, on both sides?

E o distribuţie simetrică? Articulaţiile vă sunt afectate în mod simetric, de ambele părţi?

Is the pain always in the same joint?

Durerea este localizată întotdeauna în aceeaşi articulaţie?

Have you had any fractures in the past?

Aţi avut fracturi în trecut?

Have you ever had a fracture in that joint?

Aţi avut vreodată o fractură la această articulaţie?

Or does it move from one joint to another?

Sau se mută de la o articulaţie la alta?

Is the pain affecting mainly:

- weight bearing joints?
- small joints?

Durerea afectează mai ales:

- articulaţiile care susţin greutatea corpului?
- articulaţiile mici?

Characteristics

Does the pain begin at its maximum intensity and remain at this level until it disappears?

Does it increase steadily?

If it began at its peak does it decline slowly?

Does it fluctuate? (it comes and goes now and again)

Did the pain end spontaneously?

Or as the result of some action:

- by yourself?
- by the doctor?

Did it cease:

- suddenly?
- gradually?

Caracteristici

Durerea începe la intensitatea maximă şi rămâne la acest nivel până când dispare?

Se intensifică progresiv?

Dacă începe la intensitatea maximă, se diminuează treptat?

Este fluctuantă? (vine, apoi dispare, după care reîncepe)

Durerea a încetat de la sine?

Sau în urma unei acţiuni:

- a dumneavoastră?
- a medicului?

A cedat:

- brusc?
- treptat?

Radiation

Does the pain move?

Show me where with your hand.

Iradiere

Durerea migrează?

Arătaţi-mi cu mâna.

Associated factors

In the area around the painful joint is there:

- a stiffness?
  Morning stiffness
  How long does the stiffness last?
- a swelling?
  Do you have some fluid in the joint?
- a reddish colour?
- a warm sensation?
- a limitation of movement?
- a weakness?
- an instability?
- a locking sensation?
- a give way feeling?
- a deformity?
  Has there been a progressive change in the shape of your joint?

Factori asociaţi

La articulaţia dureroasă aveţi:

- o rigiditate?
  Redoare matinală
  Cât durează rigiditatea?
- o umflătură?
  Aveţi lichid sinovial?
- o roşeaţă?
- senzaţia de căldură?
- o limitare a mişcărilor?
- o slăbiciune?
- instabilitate?
- un blocaj?
- senzaţia că nu ţine?
- o deformaţie?
  A avut loc o schimbare progresivă a formei articulaţiei?

Does the joint "give way"?	Articulaţia „nu ţine"?
Does the joint "come out" of space?	Articulaţia se luxează?
Have you ever suffered from a dislocation of this joint?	Aţi mai avut o dislocare a acestei articulaţii?
Have you any changes in sensation in that joint?	S-a modificat sensibilitatea acestei articulaţii?
Have you a numbness?	Simţiţi o amorţeală?
Do you get pins and needles? (paresthesia)	Aveţi furnicături? (parestezie)
Do you have a "trapped nerve"?	Aveţi un „nerv blocat"?
Is your skin more sensitive?	Pielea este mai sensibilă?
Have you a history of trauma on that joint?	Aţi suferit în trecut un traumatism la această articulaţie?

Timing	*Evoluţie*
When is the pain at its worse:	Când este mai puternică durerea:
- in the morning?	- dimineaţa?
- in the evening?	- seara?
- constant through the day?	- constant, toată ziua?
- when moving the joint?	- când mişcaţi articulaţia?
- mainly at rest?	- în special în repaus?
- mainly when doing exercise?	- în special când faceţi sport?
How long does the pain last when you get it? (See page 21)	Cât durează această durere? (Vezi pagina 21)

Relieving factors	*Factori calmanţi*
Does anything ease the pain?	Ce anume calmează această durere?
- rest	- repausul
- exercise	- exerciţiile fizice
- physiotherapy	- fizioterapia
- medication	- medicamentele
- anti-inflammatory	- antiinflamatorii
- injection in the joint	- o injecţie intraarticulară

Aggravating factors	*Factori agravanţi*
What brings on the pain or makes it worse?	Ce anume declanşează sau agravează această durere?
- the pain is there constantly	- durerea este prezentă constant

- moving the joint	- mişcarea articulaţiei
- weight bearing	- susţinerea unei greutăţi
- resting	- repausul
- exercising	- efortul
- walking	- mersul
- stress	- stresul
- cold weather	- vremea rece
- damp weather	- vremea umedă
- wind	- vântul
- movements	- mişcările
- change in position	- schimbările de poziţie

Severity	*Intensitate*
Does the pain prevent you from carrying out your activities?	Durerea vă împiedică să vă desfăşuraţi activităţile?
Does the pain wake you up at night?	Durerea vă trezeşte noaptea?
Does it prevent you from sleeping?	Vă împiedică să dormiţi?
Does it force you to lie still?	Vă obligă să staţi culcat, nemişcat?
Does the pain affect your daily living?	Aceste dureri vă afectează viaţa de zi cu zi?

Back pain / Durerea de spate

Looking for red flags	*Căutarea semnalelor de alertă*
Was the onset of the pain acute?	Durerea a început brusc?
Is the pain constant or progressive?	Durerea este continuă sau progresivă?
Is the pain worse on standing?	Durerea este mai intensă când staţi în picioare?
Does the pain disturb your sleep?	Durerea vă tulbură somnul?
Have you any recent major trauma?	Aţi suferit un traumatism major recent?
- road traffic accident (RTA)	- accident de circulaţie
- a recent fall from a significant height	- o cădere de la înălţime
Have you:	Aveţi:
- osteoporosis?	- osteoporoză?
- fever?	- febră?
- night sweats?	- transpiraţii nocturne?
Have you lost weight?	Aţi slăbit?

Have you:	Aveţi:
- history of malignancy?	- antecedente de tumori maligne?
- abdominal mass?	- o umflătură la nivelul abdomenului?
- thoracic back pain?	- dureri în partea posterioară a toracelui?
- morning stiffness?	- redoare matinală?
- bilateral or alternating leg pain?	- dureri bilaterale sau alternative în picioare?
- neurological disturbance:	- tulburări neurologice:
- decrease sensation in lower limbs?	- o scădere a sensibilităţii la membrele inferioare?
- decrease power in lower limbs?	- o scădere a forţei membrelor inferioare?
- sphincter disturbance:	- tulburări sfincteriene:
- bladder dysfunction?	- incontinenţă urinară?
- loss of control of the bowels?	- incontinenţă fecală?
- current or recent infection?	- o infecţie actuală sau recentă?
- weakness in your immune system? (e.g.: steroids, AIDS)	- un deficit imunitar? (de exemplu: corticosteroizi, SIDA)

Traumatology

Traumatologie

Fracture

Fractura

Did you ever break a bone?

- Simple fracture
- Compound, open fracture
- Compression fracture
- Stress fracture
- Greenstick fracture
- Displaced fracture

Aţi avut vreodată vreo fractură?

- Fractură simplă
- Fractură compusă, deschisă
- Fractură de compresie
- Fractură de stres
- Fractură în lemn verde
- Fractură deplasată

Soft tissue injury

Afecţiuni osteotendinoase

Did you ever have:

- a sprain, a strain?
- a ruptured ligament?
- a dislocation?

Aţi avut vreodată:

- o luxaţie?
- o ruptură de ligament?
- o dislocare?

- a subluxation?
- a pulled muscle?

- o subluxaţie?
- o întindere musculară?

Operative treatment

Did you ever have:
- an osteotomy?
- a fixation of fracture?
- a bone graft?
- an arthroscopy?
- a joint replacement?
- a total hip replacement (THR)?
- an amputation?
- a phantom limb?

Tratamentul chirurgical

Aţi făcut/avut vreodată:
- o osteotomie?
- o fixare a unei fracturi?
- o grefă de os?
- o artroscopie?
- o proteză articulară?
- o artroplastie totală de şold?
- o amputare?
- un membru-fantomă?

Rheumatological conditions

Boli reumatice

Rheumatoid arthritis (RA)	Poliartrită reumatoidă (PR)
Gout	Gută
Pseudogout	Pseudogută/condrocalcinoză articulară
Polymyalgia rheumatica (PMR)	Polimialgie reumatică/pseudopoliartrită rizomelică
Ankylosing spondylitis	Spondilită anchilozantă
Osteoarthritis (OA)	Osteoartrită (OA)
Arthritis	Artrită
Psoriatic arthritis	Artrită psoriazică
Reactive arthritis	Artrită reactivă
Systemic lupus erythematosus (SLE)	Lupus eritematos diseminat (LED)
Osteoporosis	Osteoporoză
Osteomalacia	Osteomalacie
Rickets	Rahitism
Paget's disease (*osteitis deformans*)	Boala Paget (*osteitis deformans*)
Rotator cuff syndrome	Sindrom al coafei rotatorilor
Frozen shoulder	Umăr îngheţat/capsulită retractilă
Fibromyalgia	Fibromialgie
Baker's cyst	Chist Baker/chist popliteu

Clinical examination

Inspection

Look:
- for scars
- for colour changes
- for abnormal creases
- for a lump/swelling
- for muscle wasting

Palpation

Is the skin:
- warm?
- cold?
- moist?
- dry?

Is sensation normal?

Is the joint:
- swollen with an effusion?
- tender on palpation?

Movements

Single joint examination

Active movement

Copy my movements please.

Show me what movements you can make.

Show how far you can move this joint.

Passive movements

Let me move your joint or your limb.

Have you any pain when you move this joint?

Examenul clinic

Examinarea

Căutare:
- de cicatrice
- de modificări de culoare
- a unei asimetrii a pliurilor cutanate
- a unei umflături
- a unei amiotrofii

Palparea

Pielea este:
- caldă?
- rece?
- umedă?
- uscată?

Sensibilitatea este normală?

Articulaţia este:
- umflată, cu efuziune?
- sensibilă la palpare?

Mobilitatea

Examinarea unei articulaţii

Mobilizarea activă

Imitaţi mişcările mele, vă rog.

Arătaţi-mi ce mişcări puteţi face.

Arătaţi-mi până unde puteţi mişca articulaţia.

Mobilizarea pasivă

Lăsaţi-mă să vă mobilizez articulaţia sau membrul.

Vă doare când mişcaţi această articulaţie?

Spine or vertebral column examination

Examenul coloanei vertebrale

Can you copy my movements?	Puteţi să imitaţi mişcările mele?
Bend your head to touch your chest with your chin.	Aplecaţi capul în faţă şi încercaţi să atingeţi pieptul cu bărbia.
Bend your head backwards.	Aplecaţi capul pe spate.
Try to touch your shoulder with your ear.	Încercaţi să vă atingeţi umărul cu urechea.
Turn around please.	Întoarceţi-vă, vă rog.
I am going to look at your posture.	Vă voi examina postura.
I want to examine your gait: can you walk up to the door then turn back towards me?	Vreau să vă examinez mersul: puteţi să mergeţi până la uşă şi apoi să vă întoarceţi la mine?
Could you lie flat on your back please?	Puteţi să vă întindeţi pe spate?
I am going to lift your leg, while you keep it straight.	Vă voi ridica piciorul, dumneavoastră ţineţi-l întins.
Have you any pain shooting down your leg? (straight leg raising)	Aveţi o durere ascuţită în picior? (semnul Lasègue)
Skeleton (figure 12)	Scheletul (figura 12)

Investigations

Investigaţii

Blood tests

Analize de sânge

Full blood count (FBC)	Numărarea formulei sangvine (NFS)
Erythrocyte sedimentation rate (ESR)	Viteza de sedimentare a hematiilor (VSH)
C-reactive protein (CRP)	Proteina C reactivă (CRP)
Urea and electrolytes (U&E)	Ionogramă sangvină
Uric acid	Acid uric
Blood culture	Hemocultură
Rheumatoid factor (RF)	Factor reumatoid (FR, RF)
Anti-CCP antibodies	Anticorpi anti-CCP
Antinuclear antibody, anti-nuclear factor (ANF)	Anticorp antinuclear
HLA-B27	HLA-B27
Serum protein electrophoresis (SPEP)	Electroforeza proteinelor serice

Joint aspiration / Puncţia articulară

Synovial fluid analysis	Analiza lichidului sinovial
Macroscopic examination	Examen macroscopic
Bacteriological examination	Examen bacteriologic
- Gram stain	- Coloraţia Gram
- Culture	- Cultură
Polarized light microscopy (crystals)	Căutare de microcristale
Cytology	Examen citologic

Radiology / Examenul radiologic

Plain radiograph	Radiografie standard
Anteroposterior (AP) view	Radiografie anteroposterioară
Lateral view	Radiografie laterală/din profil
Erosions	Eroziuni
Calcifications	Calcifieri
Joint space narrowing	Îngustarea spaţiului articular
Osteopenia	Osteopenie
Osteophytes	Osteofite
Ultrasound (US)	Ecografie
Magnetic resonance imaging (MRI)	Imagistică prin rezonanţă magnetică (IRM/RMN)
DEXA scan	Densitometrie osoasă
Bone scan	Scintigrafie osoasă

Other investigations / Alte investigaţii

Arthroscopy	Artroscopie
Bone biopsy	Biopsie osoasă
Nerve conduction studies	Studierea conducerii nervoase
Electromyography	Electromiogramă

Pharmacology / Farmacologie

(See page 235)	(Vezi pagina 235)
Analgesic "pain killers"	Analgezice
- Paracetamol (acetaminophen)	- Paracetamol (acetaminofen)

- Aspirin	- Aspirină
- Non-steroidal anti-inflammatory drug (NSAID)	- Antiinflamator nesteroidian (AINS)
- Morphine	- Morfină
Disease-modifying antirheumatic drugs (DMARDs)	Modificatori de răspuns biologic/antireumatice modificatoare de boală
Hormone replacement therapy (HRT)	Hormonoterapie substitutivă
Bisphosphonates	Bifosfonaţi

Non-pharmacological treatments / Tratamente nefarmacologice

Rest Ice Compression Elevation (RICE)	Repaus Gheaţă Compresie Elevaţie (RICE)
Splint	Atelă
Dressing	Bandaj
Plaster of Paris, cast	Plasture
Plaster	Plasture
To be in plaster	A avea un plasture
Arthroplasty	Artroplastie
Joint replacement	Proteză articulară
Total hip replacement (THR)	Artroplastie totală de şold
Physiotherapy	Fizioterapie
Injections in the joint	Injecţii intraarticulare
Osteotomy	Osteotomie
Fixation of fracture	Fixarea unei fracturi
Bone graft	Grefă de os
Arthroscopy	Artroscopie
Amputation	Amputare

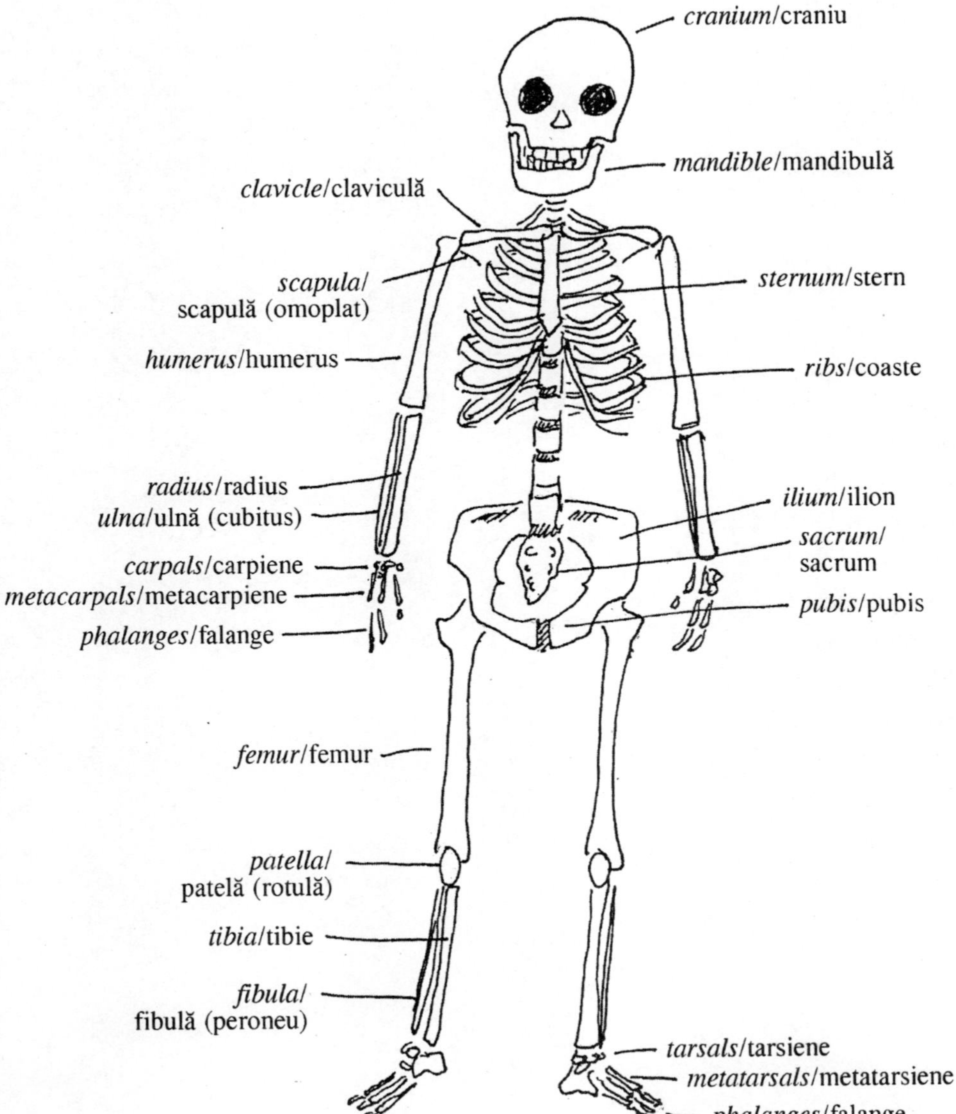

Figura 12. *Skeleton / Scheletul*

Dermatology

History

Rash

Do you have a rash?

Site

Where is the rash?
Show me with your hand.

Duration

How long have you this rash? (See page 21)

Evolution

Was the onset of the rash:
- sudden?
- gradual?
- on and off?
- localised first?
- widespread from the onset?

Associated factors

With this rash, do you have:
- an itch? (pruritus)
  Do you scratch yourself?
- oozing?
- pain? (See page 35)
- crusting?

Dermatologie

Anamneza

Erupţia

Aveţi o erupţie?

Localizare

Unde aveţi erupţia?
Arătaţi-mi cu mâna.

Durată

De cât timp aveţi această erupţie? (Vezi pagina 21)

Evoluţie

Erupţia a debutat:
- brusc?
- progresiv?
- prin pusee?
- localizat la început?
- extins de la început?

Factori asociaţi

Concomitent cu erupţia, aveţi:
- mâncărimi? (prurit)
  Vă scărpinaţi?
- o scurgere?
- dureri? (Vezi pagina 35)
- cruste?

- blistering?
- a dryness?
- bleeding?

- băşici?
- o uscăciune a pielii?
- sângerări?

Exacerbating factors

Is the rash worse if it is exposed to:
- water?
- excess cold?
- excess heat?
- sunlight?

Factori agravanţi

Erupţia este agravată dacă este expusă:
- la apă?
- la frig excesiv?
- la căldură excesivă?
- la soare?

Relieving factors

Does the rash improve if it is exposed:
- to water?
- to the cold?
- to heat?
- to sunlight?

Factori calmanţi

Erupţia se ameliorează dacă este expusă:
- la apă?
- la frig?
- la căldură?
- la soare?

Treatment taken

What treatment have you tried for this rash so far?
- over the counter
- prescription medications
- topical (cream, ointment)
- new oral medications (tablets)

Show me the box of medicine.

Has the rash:
- gotten worse?
- improved?

Tratamente urmate

Ce tratament aţi încercat până acum pentru această erupţie?
- fără reţetă
- cu reţetă
- topic/local (cremă, pomadă)
- medicamente noi luate pe cale orală (tablete)

Arătaţi-mi cutia de medicamente.

Erupţia:
- s-a agravat?
- s-a ameliorat?

Family history

Has anyone in your family ever suffered from:
- eczema, dermatitis?
- psoriasis?
- acne?

Istoricul familial

Cineva din familia dumneavoastră a suferit vreodată de:
- eczemă, dermatită?
- psoriazis?
- acnee?

Social history

How much alcohol do you drink? (See page 23)

Recently, have you had contact with someone who had:

- a similar rash?
- scabies?
- childhood illnesses with rash?
  - chicken pox
  - measles
  - German measles
  - scarlet fever
  - slapped cheek
  - hand foot and mouth disease
  - impetigo

Istoricul social

Cât alcool beţi? (Vezi pagina 23)

Aţi venit recent în contact cu cineva care avea:

- o erupţie asemănătoare?
- râie/scabie?
- boli eruptive ale copilăriei?
  - varicelă
  - rujeolă
  - rubeolă
  - scarlatină
  - eritem infecţios acut
  - boala mână-picior-gură
  - impetigo

Occupation/lifestyle

Is the rash better when you are on holidays?

Have you recently travelled abroad?

Have you a lot of sun exposure in the past?

What is your job?

Are you at risk of contact dermatitis with your job? (for example hairdresser)

Does this rash interfere with your job?

If we prescribe a cream, have you someone at home who can put it on you?

Meseria/stilul de viaţă

Erupţia se ameliorează în timpul vacanţelor?

Aţi făcut recent o călătorie în străinătate?

V-aţi expus mult la soare în trecut?

Ce meserie aveţi?

Meseria vă expune riscului de dermatită alergică? (de exemplu, hair-stylist)

Această erupţie vă împiedică să lucraţi?

Dacă vă prescriem o cremă, aveţi acasă pe cineva care poate să v-o aplice?

Medication history

(See page 235)

Do you take any medications regularly?

Which ones?

Have you recently started any new medication?

Do you think that the rash is linked to this new medication?

What treatments have you already tried for this rash? (show me the box)

Istoric medicamentos

(Vezi pagina 235)

Luaţi medicamente regulat?

Ce medicamente?

Aţi început recent să luaţi un nou medicament?

Credeţi că erupţia are legătură cu acest nou medicament?

Ce tratamente aţi încercat pentru această erupţie? (arătaţi-mi cutia)

Allergy	*Alergiile*
Could an allergy have caused the rash?	S-ar putea ca o alergie să fi provocat această erupţie?
Have you been in contact with any animals?	Aţi venit în contact cu animale?
Do you have a history of:	Aveţi:
- asthma?	- astm?
- hay fever?	- febra fânului?

Past medical history / Istoricul medical

Past medical history	Istoricul medical
Have you ever had a similar rash?	Aţi avut vreodată o erupţie asemănătoare?
Could it be a recurrence?	Ar putea fi o recidivă?
Do you have any illness that could be linked to the rash?	Aveţi o boală care poate fi corelată cu această erupţie?

Common dermatological disorders / Boli dermatologice frecvente

Common dermatological disorders	Boli dermatologice frecvente
Eczema	Eczemă
Psoriasis	Psoriazis
Acne	Acnee
Rosacea	Acnee rozacee
Lichen planus	Lichen plan
Warts	Veruci
Shingles	Zona Zoster
Candida (thrush)	Candidoză (micoză)
Scabies	Scabie/râie
Basal cell carcinoma (BCC)	Carcinom bazocelular (CBC)
Squamous cell carcinoma (SCC)	Carcinom cu celule scuamoase

Malignant melanoma	Melanomul malign
Malignant melanoma	Melanom malign
Can you tell me if this lesion :	Puteţi să-mi spuneţi dacă această leziune :
– is Asymmetrical ?	– este asimetrică ?
– has an irregular Border ?	– are margini neregulate ?
– has variations in Colour ?	– are o culoare neuniformă ?
– has increased in size (Diameter more then 70 mm) ?	– a crescut ca dimenisuni (diametru de peste 70 mm) ?
– changed recently in size, shape, colour and depth (Evolution) ?	– şi-a schimbat recent dimensiunile, forma, culoarea şi grosimea (evoluţie) ?

Clinical examination

I am going to look at :
- your skin
- your nails
- your hair
- your feet
- your hands
- your mouth
- your genitalia (private parts)

Examenul clinic

Vă voi examina :
- pielea
- unghiile
- părul
- picioarele
- mâinile
- gura
- organele genitale

Clinical findings (of the lesion)

Position

Shape
- Discoid
- Annular
- Target
- Oval
- Serpiginous
- Rippled

Informaţiile obţinute la examenul clinic (al leziunii)

Poziţie

Formă
- Rotundă
- Inelară
- De ţintă
- Ovală
- Serpiginoasă
- Ondulată

Size in millimetres	Dimensiunea în milimetri
Colour	Culoare
- Red (erythema)	- Roşie (eritem)
- Pigmented	- Pigmentată
- Brown	- Brună
- Black	- Neagră
- Depigmented	- Depigmentată
- Purpura	- Purpurie
Surface	Suprafaţă
- Scaly	- Cu scuame
- Crusty	- Cu cruste
- Smooth	- Netedă
- Hyperkeratotic	- Hiperkeratoză
Consistency	Consistenţă
- Soft	- Moale
- Hard	- Dură
- Firm	- Tare
- Fixed	- Fixă
- Mobile	- Mobilă
Distribution	Topografie
- Localised/widespread	- Localizată/extinsă
- Symmetrical/asymmetrical	- Simetrică/asimetrică
- Dermatome	- Dermatom
- Sun exposed	- Zone expuse la soare
- Clusters	- În buchet
Description	Descriere
- Macule	- Maculă
- Papule	- Papulă
- Nodule	- Nodul
- Plaque	- Placă
- Weals	- Leziuni de urticarie
- Vesicles	- Vezicule
- Bullae	- Bule
- Pustules	- Pustule
- Erosion	- Eroziune
- Ulcer	- Ulcer
- Fissure	- Fisură

- Excoriation	- Excoriaţie
- Atrophy	- Atrofie
- Sclerosis	- Scleroză
- Telangectasia	- Telangiectazie
- Petechia	- Peteşie
- Ecchymosis	- Echimoză

Investigations / Investigaţii

Swabs	Eşantioane superficiale
Patch test	Teste cutanate
Biopsies	Biopsii

Medications / Medicamente

Topical treatments	Tratamente topice
- Creams	- Creme
- Ointments	- Pomezi
- Lotions	- Loţiuni
- Emollients	- Emoliente
- Topical steroids	- Corticosteroizi locali
- Antifungal creams or lotions	- Creme sau loţiuni antifungice
- Sunblocks	- Creme de protecţie solară
Systemic medications taken orally	Tratamente sistemice administrate pe cale orală
Psoralens and ultraviolet A (therapy) (PUVA)	Psoralene şi ultraviolete A (terapie) (PUVA)

Medical records	Fişa de observaţie

Miscellaneous	Fişa administrativă
Name	Nume
Age	Vârstă
Date of birth	Data naşterii
Marital status	Starea civilă
- married	- căsătorit
- single	- celibatar
Address	Adresă
Occupation	Profesie

Medical records	Observaţii medicale
Present complaint	Motivul consultaţiei
History of present complaint	Istoricul bolii
Past medical history	Istoricul medical
Systemic direct questions	Semne funcţionale
Examination	Examen clinic
Investigations	Investigaţii
Diagnosis	Diagnostic
Treatment	Tratament

False friends	Falşi prieteni
Theater (suite)	Bloc operator
Drama, theater	Teatru
Cabinet	Dulap
Consulting room	Cabinet
Figure	Siluetă
Face	Figură
Medicine	Medicină
Medicine	Medicament
(Liquid) medicine	Sirop
Tablet	Tabletă, comprimat
Tablet (computer)	Tabletă (computer)
Pill	Pastilă
The pill	Pilulă contraceptivă
Marrow	Măduvă
Bone marrow	Măduvă osoasă
Spinal cord	Măduva coloanei vertebrale
Tumour of the spinal cord	Tumoră medulară
Tumour of the medulla oblongata	Tumoră a bulbului rahidian, tumoră bulbară
Bone	Os
Os	Col (uterin)
Os (latin)	Gură
Physicist	Fizician
Physician	Medic

Condom	Prezervativ
Preservative	Conservant
Added sound	Ral
Rale	Raluri subcrepitante
Heartburn	Regurgitaţie acidă
Sick (to feel)	Greaţă (a-i fi)
Measles	Rujeolă
German measles	Rubeolă
CAT scan	Tomografie computerizată (CT)
Scan	A scana
Scan	Ecografie
Bone scan	Scintigrafie osoasă
Sensitive	Sensibil (despre persoane)
Tender	Sensibil (despre organe)
Sensible	Cu bun-simţ (despre persoane)
Murmur	Suflu (cardiac)
Vesicular breathing	Murmur vezicular
Peptic ulcer	Ulcer gastroduodenal
Anastomotic ulcer	Ulcer peptic

List of symptoms, syndromes and diseases/ Lista simptomelor, sindroamelor şi bolilor

Ordine alfabetică după limba română/ Romanian alphabetical order

(Expresiile populare sunt marcate cu asterisc [*])

Accident vascular cerebral	Stroke*
Acnee	Acne
Acromegalie	Acromegaly
Adenom de prostată	Enlargement of the prostate gland
Alergie	Allergy
Amigdalită	Tonsillitis
Anemie	Anaemia
Angină pectorală	Angina
Apendicită	Appendicitis
Apnee obstructivă de somn	Obstructive sleep apnoea
Apoplexie pituitară	Pituitary apoplexy
Aritmie	Sick sinus syndrome
Arsură	Burn
Arsură solară	Sunburn
Aspergiloză bronhopulmonară alergică	Allergic bronchopulmonary aspergillosis
Astenie	Fatigue
Astm	Asthma
Atac de cord*	Heart attack*
Atacuri de panică	Panic attacks
Autism	Autism
Automutilare	Deliberate self harm
A avea o cădere nervoasă*	To have a nervous breakdown*
A avea ochii încrucişaţi*	To be cross-eyed*
Boala Addison	Addison's disease
Boala Alzheimer	Alzheimer's disease
Boala Basedow	Graves disease
Boala celiacă	Coeliac disease
Boala Crohn	Crohn's disease

Boala Cushing	Cushing's disease
Boala Kahler, mielom multiplu	Multiple myeloma
Boala Paget	Paget's disease
Boala Parkinson	Parkinson's disease
Boala Wilson	Wilson's disease
Boală cardiacă ischemică	Ischaemic heart disease
Boală inflamatorie cronică intestinală (BII)	Inflammatory bowel disease (IBD)
Boală venerică	Venereal disease
Bronşiectazie	Bronchiectasis
Bronşită	Bronchitis
Cancer	Cancer
Cancer pulmonar cu celule mici	Small cell lung cancer
Cancer pulmonar fără celule mici	Non-small cell lung cancer
Carcinom hepatocelular	Hepatocellular carcinoma
Cardiomiopatie dilatată	Dilated cardiomyopathy
Cardiomiopatie hipertrofică	Hypertrophic cardiomyopathy
Căderea părului	Hair loss
Cefalee, durere de cap*	Headache, sore head*
Chist	Cyst
Chist mamar	Breast cyst
Ciroză	Cirrhosis
Ciroză biliară primitivă	Primary biliary cirrhosis
Cistită	Cystitis
Coarctaţie de aortă	Coarctation of the aorta
Colangită sclerozantă primară	Primary sclerosing cholangitis
Colică biliară	Gallstone colic
Colică renală	Ureteric (renal) colic
Colită	Colitis
Colită ulcerativă	Ulcerative colitis
Comă	Coma
Conjunctivită	Conjunctivitis, sticky eye*
Constipaţie	Constipation
Convulsie	Convulsion, fit, seizure
Coriză, guturai*	Coryza, cold*, head cold*
Coş*	Spot*, pimple*
Crampă	Cramp
Criză*	Funny turn*
Defect septal atrial	Atrial septal defect
Defect septal interventricular	Ventricular septal defect
Deficit de alfa1-antitripsină	Alpha1-antitrypsin deficiency
Delir	Delirium
Delirium tremens	Delirium tremens
Depresie, a avea o cădere nervoasă*	Depression, to have a nervous breakdown*

Dermatită seboreică	Cradle cap*
Deshidratare	Dehydration
Desprindere de retină	Retinal detachment
Diabet gestaţional	Gestational diabetes
Diabet insipid	Diabetes insipidus
Diabet zaharat, diabet*	Diabetes mellitus, diabetes*
Diaree	Diarrhoea
Dislocare	Dislocation
Dismenoree, menstruaţie dureroasă*	Dysmenorrhea, painful periods*
Diverticulită	Diverticulitis
Diverticuloză	Diverticular disease
Dop de ceară	Wax in the ears*
Durere de cap*	Sore head*, headache
Durere de gât*	Sore throat*, throat infection*
Durere de spate*, lumbago*	Back pain*
Ectazie canaliculară	Duct ectasia
Eczemă	Eczema
Edem pulmonar acut	Acute pulmonary oedema
Embolie pulmonară	Pulmonary embolism
Endocardită infecţioasă	Infective endocarditis
Enurezis, a face pipi în pat*	Enuresis, bed wetting*
Epiglotită	Epiglottitis
Epilepsie	Epilepsy
Eritem fesier	Nappy rash
Escară	Bedsore
Esofagită	Oesophagitis
Febra fânului	Hay fever
Febră, temperatură	Fever, temperature
Feocromocitom	Phaeochromocytoma
Fibrilaţie atrială	Atrial fibrillation
Fibroadenom	Fibroadenoma
Fibrom uterin	Fibroids
Fibroză chistică, mucoviscidoză	Cystic fibrosis
Fibroză pulmonară idiopatică	Idiopathic pulmonary fibrosis
Ficat gras, steatoză hepatică	Fatty liver, steatosis
Fistulă anală	Fistula in ano
Fisură anală	Fissure in ano
Foramen ovale permeabil	Patent foramen ovale
Fractură, os rupt*	Fracture, broken bone*
Furuncul	Boil
Galactocel	Galactocele
Gangrenă	Gangrene
Gastrită	Gastritis, tummy bug*

Glaucom	Glaucoma
Gripă	Influenza, flu*
Gripă aviară	Avian influenza
Gută	Gout
Guturai*	Head cold*
Hemocromatoză ereditară	Hereditary haemochromatosis
Hemoragie, sângerare	Haemorrhage, bleeding*
Hemoroizi	Piles, haemorrhoids
Hepatită virală	Viral hepatitis
Hernie	Hernia
Hernie hiatală	Hiatus hernia
Herpes	Herpes simplex
Herpes labial	Cold sore
Hipertensiune arterială	High blood pressure
Hipertiroidie	Hyperthyroidism
Hiperventilaţie psihogenă	Hysterical hyperventilation
Hipotensiune arterială	Low blood pressure
Impetigo	Impetigo
Incontinenţă urinară	Urinary incontinence
Infarct miocardic, atac de cord*	Myocardial infarction, heart attack*
Infecţia căilor respiratorii inferioare	Lower respiratory tract infection
Infecţia căilor respiratorii superioare	Upper respiratory tract infection
Infecţia urechii*	Ear infection*, sore ear*
Infecţie urinară	Urinary tract infection, kidney infection*
Infertilitate, sterilitate	Infertility
Insuficienţă aortică	Aortic regurgitation
Insuficienţă cardiacă	Cardiac failure
Insuficienţă mitrală	Mitral regurgitation
Insuficienţă respiratorie	Respiratory failure
Insuficienţă suprarenaliană	Adrenal insufficiency
Întrerupere voluntară a sarcinii	Induced abortion
Înţepături de insecte	Insect bites
Leucemie	Leukaemia
Lumbago*	Back pain*
Luxaţie	Sprain
Malarie	Malaria
Mătreaţă	Dandruff
Meningită	Meningitis
Menstruaţie dureroasă*	Painful periods*
Miastenie	Myasthenia gravis
Micoză	Mycosis
Mielom multiplu, boala Kahler	Multiple myeloma
Migrenă	Migraine

Miocardită	Myocarditis
Mononucleoză infecţioasă	Infectious mononucleosis, glandular fever*
Mucoviscidoză, fibroză chistică	Cystic fibrosis
Muguet, candidoză bucală	Thrush
Necroză tubulară acută	Acute tubular necrosis
Neoplazii endocrine multiple	Multiple endocrine neoplasia
Nevralgie	Neuralgia
Nevroză	Neurosis
Obezitate	Obesity
Ochi roşu	Red eye
Oreion	Mumps
Orgelet, urcior*	Sty
Orhită	Orchitis
Os rupt*	Broken bone*
Osteoartrită	Osteoarthritis
Osteoporoză	Osteoporosis
Otită, infecţia urechii*	Otitis, ear infection*, sore ear*
Otită seroasă	Glue ear*
Oxiuri	Threadworms
Panariţiu	Whitlow
Pancreatită	Pancreatitis
Panhipopituitarism	Panhypopituitarism
Paralizie	Palsy, paralysis
Paralizie Bell, paralizie facială	Bell's palsy, facial paralysis
Păduche	Lice
Pericardită	Pericarditis
Peritonită bacteriană spontană	Spontaneous bacterial peritonitis
Persistenţă de canal arterial	Patent ductus arteriosus
Pertussis, tuse convulsivă, tuse măgărească*	Whooping cough, pertussis
Pielonefrită	Pyelonephritis
Plagă	Cut
Pleurezie	Pleurisy
Pneumonie	Pneumonia
Pneumotorax	Pneumothorax
(Poli)artrită reumatoidă	Rheumatoid arthritis
Polip	Polyp
Prurit	Pruritus
Psihoză	Psychosis
Psoriazis	Psoriasis
Rabie	Rabies
Răceală	Cold
Reumatism articular acut	Rheumatic fever
Rinită	Rhinitis, runny nose*

Rubeolă	Rubella, German measles*
Rujeolă	Measles
Salpingită	Salpingitis
Sarcoidoză	Sarcoidosis
Scabie	Scabies
Scarlatină	Scarlet fever
Schizofrenie	Schizophrenia
Sciatică	Sciatica
Scleroză multiplă, scleroză în plăci	Multiple sclerosis
SIDA	AIDS
Sifilis	Syphilis
Sincopă, pierderea cunoştinţei	Syncope, blackout*
Sindrom de colon iritabil	Irritable bowel syndrome
Sindrom de detresă respiratorie acută	Acute respiratory distress syndrome
Sindrom de stres posttraumatic	Post traumatic stress disorder
Sindrom Down, trisomie 21	Down's syndrome, trisomy 21
Sindrom premenstrual	Premenstrual syndrome
Sindrom respirator acut sever	Severe acute respiratory syndrome
Sindromul Budd-Chiari	Budd-Chiari syndrome
Sinuzită	Sinusitis
Sângerare, hemoragie	Bleeding*, haemorrhage
Spondilită anchilozantă	Ankylosing spondylitis
Steatoză hepatică, ficat gras	Steatosis, fatty liver
Stenoză aortică	Aortic stenosis
Stenoză mitrală	Mitral stenosis
Sterilitate, infertilitate	Infertility
Stop cardiac	Cardiac arrest
Strabism, a avea ochii încrucişaţi*	Strabismus, squint, to be cross-eyed*
Tahicardie	Tachycardia
Temperatură, febră	Temperature, fever
Tenie	Tapeworm
Tetanie	Tetany
Tetanos	Tetanus
Tetralogie Fallot	Tetralogy of Fallot
Tiroidită De Quervain	De Quervain's thyroiditis
Tiroidită Hashimoto	Hashimoto thyroiditis
Torsiune testiculară	Torsion of the testis
Trisomie 21, sindrom Down	Trisomy 21, Down's syndrome
Tromboză venoasă profundă, flebită	Deep venous thrombosis
Tuberculoză	Tuberculosis
Tuse convulsivă, pertussis, tuse măgărească*	Whooping cough, pertussis
Ulcer gastroduodenal	Peptic ulcer (disease)
Ulcer varicos	Venous ulcer

Urcior*	Sty
Urticarie	Urticaria
Varicelă	Chickenpox
Vegetaţii veneriene	Venereal (genital) warts
Vene varicoase	Varicose veins
Vertij	Vertigo
Verucă	Wart
Vulvovaginită	Vulvovaginitis
Zona Zoster	Herpes zoster, shingles*

English alphabetical order/ Ordine alfabetică după limba engleză

(Popular expressions are indicated with an asterisk [*].)

Acne	Acnee
Acromegaly	Acromegalie
Acute pulmonary oedema	Edem pulmonar acut
Acute respiratory distress syndrome	Sindrom de detresă respiratorie acută
Acute tubular necrosis	Necroză tubulară acută
Addison's disease	Boala Addison
Adrenal insufficiency	Insuficienţă suprarenaliană
AIDS	SIDA
Allergic bronchopulmonary aspergillosis	Aspergiloză bronhopulmonară alergică
Allergy	Alergie
Alpha1-antitrypsin deficiency	Deficit de alfa1-antitripsină
Alzheimer's disease	Boala Alzheimer
Anaemia	Anemie
Angina	Angină pectorală
Ankylosing spondylitis	Spondilită anchilozantă
Aortic regurgitation	Insuficienţă aortică
Aortic stenosis	Stenoză aortică
Appendicitis	Apendicită
Arthritis, osteoarthritis	Artrită, osteoartrită
Asthma	Astm
Atrial fibrillation	Fibrilaţie atrială
Atrial septal defect	Defect septal atrial
Autism	Autism
Avian influenza	Gripă aviară
Back pain*	Durere de spate*, lumbago*
Be cross-eyed*	A avea ochii încrucişaţi*
Bed wetting*	A face pipi în pat*
Bedsore	Escară
Bell's palsy, facial paralysis	Paralizie Bell, paralizie facială
Blackout*	Pierderea cunoştinţei
Bleeding*	Sângerare, hemoragie
Boil	Furuncul
Breast cyst	Chist mamar
Broken bone*	Os rupt*
Bronchiectasis	Bronşiectazie
Bronchitis	Bronşită
Budd-Chiari syndrome	Sindromul Budd-Chiari
Burn	Arsură
Cancer	Cancer

Cardiac arrest	Stop cardiac
Cardiac failure	Insuficienţă cardiacă
Chickenpox	Varicelă
Cirrhosis	Ciroză
Coarctation of the aorta	Coarctaţie de aortă
Coeliac disease	Boala celiacă
Cold*	Răceală
Cold sore	Herpes labial
Colitis	Colită
Coma	Comă
Conjunctivitis, sticky eye*	Conjunctivită
Constipation	Constipaţie
Convulsion, fit, seizure	Convulsie
Coryza, cold*, head cold*	Coriză, guturai*
Cradle cap*	Dermatită seboreică
Cramp	Crampă
Crohn's disease	Boala Crohn
Cushing's disease	Boala Cushing
Cut	Plagă
Cyst	Chist
Cystic fibrosis	Fibroză chistică, mucoviscidoză
Cystitis	Cistită
Dandruff	Mătreaţă
De Quervain's thyroiditis	Tiroidită De Quervain
Deep venous thrombosis	Tromboză venoasă profundă, flebită
Dehydration	Deshidratare
Deliberate self harm	Automutilare deliberată
Delirium	Delir
Delirium tremens	Delirium tremens
Depression, to have a nervous breakdown*	Depresie, a avea o cădere nervoasă*
Diabetes insipidus	Diabet insipid
Diabetes mellitus, diabetes*	Diabet zaharat, diabet*
Diarrhoea	Diaree
Dilated cardiomyopathy	Cardiomiopatie dilatată
Dislocation	Dislocare, luxaţie
Diverticular disease	Diverticuloză
Diverticulitis	Diverticulită
Down's syndrome, trisomy 21	Sindrom Down, trisomie 21
Duct ectasia	Ectazie canaliculară
Dysmenorrhea, painful periods*	Dismenoree, menstruaţie dureroasă*
Ear infection*	Infecţia urechii*
Eczema	Eczemă
Enlargement of the prostate gland	Adenom de prostată
Enuresis, bed wetting*	Enurezis, a face pipi în pat*

Epiglottitis	Epiglotită
Epilepsy	Epilepsie
Facial paralysis, Bell's palsy	Paralizie facială, paralizie Bell
Fatigue	Astenie
Fatty liver, steatosis	Ficat gras, steatoză hepatică
Fever, temperature	Febră, temperatură
Fibroadenoma	Fibroadenom
Fibroids	Fibrom uterin
Fissure in ano	Fisură anală
Fistula in ano	Fistulă anală
Fit, seizure, convulsion	Convulsie
Flu*	Gripă
Fracture, broken bone*	Fractură, os rupt*
Funny turn*	Criză*
Galactocele	Galactocel
Gallstone colic	Colică biliară
Gangrene	Gangrenă
Gastritis, tummy bug*	Gastrită
German measles*	Rubeolă
Gestational diabetes	Diabet gestaţional
Glandular fever*	Mononucleoză infecţioasă
Glaucoma	Glaucom
Glue ear*	Otită seroasă
Gout	Gută
Graves disease	Boala Basedow
Haemorrhage, bleeding*	Hemoragie, sângerare
Haemorrhoids, piles	Hemoroizi
Hair loss	Căderea părului
Hashimoto thyroiditis	Tiroidită Hashimoto
Have a nervous breakdown*	A avea o cădere nervoasă*
Hay fever	Febra fânului
Head cold*	Guturai*
Headache, sore head*	Cefalee, durere de cap*
Heart attack*	Atac de cord*
Hepatocellular carcinoma	Carcinom hepatocelular
Hereditary haemochromatosis	Hemocromatoză ereditară
Hernia	Hernie
Herpes simplex	Herpes
Herpes zoster, shingles*	Zona Zoster
Hiatus hernia	Hernie hiatală
High blood pressure	Hipertensiune arterială
Hyperthyroidism	Hipertiroidie
Hypertrophic cardiomyopathy	Cardiomiopatie hipertrofică
Hysterical hyperventilation	Hiperventilaţie psihogenă

Idiopathic pulmonary fibrosis	Fibroză pulmonară idiopatică
Impetigo	Impetigo
Induced abortion	Întrerupere voluntară a sarcinii
Infectious mononucleosis, glandular fever*	Mononucleoză infecţioasă
Infective endocarditis	Endocardită infecţioasă
Infertility	Infertilitate, sterilitate
Inflammatory bowel disease (IBD)	Boală inflamatorie intestinală (BII)
Influenza, flu*	Gripă
Insect bites	Înţepături de insecte
Irritable bowel syndrome	Sindrom de colon iritabil
Ischaemic heart disease	Boală cardiacă ischemică
Kidney infection*	Infecţie urinară
Leukaemia	Leucemie
Lice	Păduche
Low blood pressure	Hipotensiune arterială
Lower respiratory tract infection	Infecţia căilor respiratorii inferioare
Malaria	Malarie
Measles	Rujeolă
Meningitis	Meningită
Migraine	Migrenă
Mitral regurgitation	Insuficienţă mitrală
Mitral stenosis	Stenoză mitrală
Multiple endocrine neoplasia	Neoplazii endocrine multiple
Multiple myeloma	Mielom multiplu, boala Kahler
Multiple sclerosis	Scleroză multiplă, scleroză în plăci
Mumps	Oreion
Myasthenia gravis	Miastenie
Mycosis	Micoză
Myocardial infarction, heart attack*	Infarct miocardic, atac de cord*
Myocarditis	Miocardită
Nappy rash	Eritem fesier
Neuralgia	Nevralgie
Neurosis	Nevroză
Non-small cell lung cancer	Cancer pulmonar fără celule mici
Obesity	Obezitate
Obstructive sleep apnoea	Apnee obstructivă de somn
Oesophagitis	Esofagită
Orchitis	Orhită
Osteoarthritis, arthritis	Osteoartrită, artrită
Osteoporosis	Osteoporoză
Otitis, ear infection*, sore ear*	Otită, infecţia urechii*
Paget's disease	Boala Paget
Painful periods*	Menstruaţie dureroasă*
Palsy, paralysis	Paralizie

Pancreatitis	Pancreatită
Panhypopituitarism	Panhipopituitarism
Panic attacks	Atacuri de panică
Paralysis, palsy	Paralizie
Parkinson's disease	Boala Parkinson
Patent ductus arteriosus	Persistenţă de canal arterial
Patent foramen ovale	Foramen ovale permeabil
Peptic ulcer (disease)	Ulcer gastroduodenal
Pericarditis	Pericardită
Pertussis, whooping cough	Pertussis, tuse convulsivă, tuse măgărească*
Phaeochromocytoma	Feocromocitom
Piles, haemorrhoids	Hemoroizi
Pimple*	Coş*
Pituitary apoplexy	Apoplexie pituitară
Pleurisy	Pleurezie
Pneumonia	Pneumonie
Pneumothorax	Pneumotorax
Polyp	Polip
Post traumatic stress disorder	Sindrom de stres posttraumatic
Premenstrual syndrome	Sindrom premenstrual
Primary biliary cirrhosis	Ciroză biliară primitivă
Primary sclerosing cholangitis	Colangită sclerozantă primară
Pruritus	Prurit
Psoriasis	Psoriazis
Psychosis	Psihoză
Pulmonary embolism	Embolie pulmonară
Pyelonephritis	Pielonefrită
Rabies	Rabie
Red eye	Ochi roşu
Respiratory failure	Insuficienţă respiratorie
Retinal detachment	Desprindere de retină
Rheumatic fever	Reumatism articular acut
Rheumatoid arthritis	(Poli)artrită reumatoidă
Rhinitis, runny nose*	Rinită
Rubella, German measles*	Rubeolă
Runny nose*	Rinită
Salpingitis	Salpingită
Sarcoidosis	Sarcoidoză
Scabies	Scabie, râie*
Scarlet fever	Scarlatină
Schizophrenia	Schizofrenie
Sciatica	Sciatică
Seizure, convulsion, fit	Convulsie

Severe acute respiratory syndrome	Sindrom respirator acut sever
Shingles*	Zona Zoster
Sick sinus syndrome	Aritmie
Sinusitis	Sinuzită
Small cell lung cancer	Cancer pulmonar cu celule mici
Sore ear*	Infecţia urechii*
Sore head*	Durere de cap*
Sore throat*	Durere de gât*
Spontaneous bacterial peritonitis	Peritonită bacteriană spontană
Spot*	Coş*
Sprain	Luxaţie
Squint, strabismus, to be cross-eyed*	Strabism, a avea ochii încrucişaţi*
Steatosis, fatty liver	Steatoză hepatică, ficat gras
Sticky eye*	Conjunctivită
Strabismus, squint, to be cross-eyed*	Strabism, a avea ochii încrucişaţi*
Stroke*	Atac cerebral*, accident vascular cerebral
Sty	Orgelet, urcior*
Sunburn	Arsură solară
Syncope, blackout*	Sincopă, pierderea cunoştinţei
Syphilis	Sifilis
Tachycardia	Tahicardie
Tapeworm	Tenie
Temperature, fever	Temperatură, febră
Tetanus	Tetanos
Tetany	Tetanie
Tetralogy of Fallot	Tetralogie Fallot
Threadworms	Oxiuri
Throat infection*	Durere de gât*
Thrush	Muguet, candidoză bucală
Tonsillitis	Amigdalită
Torsion of the testis	Torsiune testiculară
Trisomy 21, Down's syndrome	Trisomie 21, sindrom Down
Tuberculosis	Tuberculoză
Tummy bug*	Gastrită
Ulcerative colitis	Colită ulcerativă
Upper respiratory tract infection	Infecţia căilor respiratorii superioare
Ureteric (renal) colic	Colică renală
Urinary incontinence	Incontinenţă urinară
Urinary tract infection, kidney infection*	Infecţie urinară
Urticaria	Urticarie
Varicose veins	Vene varicoase
Venereal (genital) warts	Vegetaţii veneriene
Venereal disease	Boală venerică
Venous ulcer	Ulcer varicos

Ventricular septal defect	Defect septal ventricular
Vertigo	Vertij
Viral hepatitis	Hepatită virală
Vulvovaginitis	Vulvovaginită
Wart	Verucă
Wax in the ears*	Dop de ceară
Whitlow	Panariţiu
Whooping cough, pertussis	Tuse convulsivă, pertussis, tuse măgărească*
Wilson's disease	Boala Wilson

List of abbreviations/Lista abrevierilor

Ordine alfabetică după limba română/ Romanian alphabetical order

A

AA	Alcoolicii anonimi	**AA**	Alcoholic anonymus
ABPA	Aspergiloză bronhopulmonară alergică	**ABPA**	Allergic bronchopulmonary aspergillosis
ACD	Acidocetoză diabetică	**DKA**	Diabetic ketoacidosis
ACG	Arterită cu celule gigant	**GCA**	Giant cell arteritis
ACR	Raportul albuminurie : creatininurie	**ACR**	Albumin : creatinine ratio
ADHD	Tulburare de hiperactivitate cu deficit de atenţie	**ADHD**	Attention deficit hyperactivity disorder
ADN	Acid dezoxiribonucleic	**DNA**	Deoxyribonucleic acid
αFP	Alfa-fetoproteină	**αFP**	Alpha-fetoprotein
AG	Anestezie generală	**GA**	General anaesthesia
AHAI	Anemie hemolitică autoimună	**AIHA**	Autoimmune haemolytic anaemia
AINS	Antiinflamator nesteroidian (de exemplu, aspirină)	**NSAID**	Non-steroidal anti-inflammatory drug (for example aspirin)
AIT	Accident ischemic tranzitor (mini-atac)	**TIA**	Transient ischemic attack (mini-stroke)
a.k.a.	cunoscut şi ca	**A.K.A.**	Also known as
AL	Anestezie locală	**LA**	Local anaesthesia
ALL	Leucemie limfoblastică acută	**ALL**	Acute lymphoblastic leukemia
a.m.	antemeridian (înainte de amiază)	**AM**	Ante meridiem (before noon)
AML	Leucemie mieloidă acută	**AML**	Acute myeloid leukemia
AOS	Apnee obstructivă de somn	**OSA**	Obstructive sleep apnoea
APTT	Timp de tromboplastină parţial activată	**APTT**	Activated partial thromboplastin time
ATI	Secţie de terapie intensivă	**ICU**	Intensive care unit
ATR	Acidoză tubulară renală	**RTA**	Renal tubular acidosis
AVC	Accident vascular cerebral	**CVA**	Cerebrovascular accident
AVPU	Alert ; răspunde la comenzi verbale ; răspunde la stimuli dureroşi ; fără reacţie	**AVPU**	Alert ; responds to voice ; responds to pain ; unresponsive

B

BAAR	Bacil acido-alcoolo-rezistent	**AFB**	Acid-fast bacillus
BAP	Boală vasculară periferică	**PVD**	Peripheral vascular disease
BAV	Bloc atrioventricular	**AV**	Atrioventricular block
BCG	Bacilul Calmette-Guérin (vaccin contra tuberculozei)	**BCG**	Bacillus Calmette-Guérin (tuberculosis vaccine)
BHE	Bariera hematoencefalică	**BBB**	Blood brain barrier
BII	Boală inflamatorie intestinală	**IBD**	Inflammatory bowel disease
Bili	Bilirubină	**Bili**	Bilirubin
BIP	Boală inflamatorie pelvină	**PID**	Pelvic inflammatory disease
BIP	Diametru biparietal	**BPD**	Biparietal diameter
BiPAP	Aparat cu două niveluri de presiune pozitivă	**BiPAP**	Biphasic intermittent positive airway pressure
BK	Bacilul Koch	**TB**	Tubercle bacillus
BNP	Peptidă natriuretică cerebrală	**BNP**	Brain natriuretic peptide
BPD	Diametru biparietal	**BPD**	Biparietal diameter
BPH	Hiperplazie benignă de prostată	**BPH**	Benign prostatic hyperplasia
Bpm	Bătăi pe minut	**Bpm**	Beats per minute
BPOC	Bronhopneumopatie obstructivă cronică	**COPD**	Chronic obstructive pulmonary disease
BPV	Vertij poziţional benign	**BPV**	Benign positional vertigo
BR	Bloc de ram(ură)	**BBB**	Bundle branch block
BRD	Bloc de ramură dreaptă	**RBBB**	Right bundle branch block
BRS	Bloc de ramură stângă	**LBBB**	Left bundle branch block
BTS	Boală cu transmitere sexuală	**STD**	Sexually transmitted diseases
BZD	Benzodiazepine	**BZD**	Benzodiazepines

C

CABG	Bypass coronarian	**CABG**	Coronary artery bypass graft ("bypass")
CBC	Carcinom bazocelular	**BCC**	Basal cell carcinoma
CBP	Ciroză biliară primară	**PBC**	Primary biliary cirrhosis
CCS	Carcinom cu celule scuamoase	**SCC**	Squamous cell carcinoma
CEA	Antigen carcinoembrionar	**CEA**	Carcinoembryonic antigen
CHC	Carcinom hepatocelular	**HCC**	Hepatocellular carcinoma
CHEM	Concentraţia medie de hemoglobină corpusculară	**MCHC**	Mean corpuscular haemoglobin concentration
CIPD	Polineuropatie demielinizantă inflamatorie cronică	**CIPD**	Chronic inflammatory demyelinating polyneuropathy
CIVD	Coagulare intravasculară diseminată	**DIC**	Disseminated intravascular coagulation
CLL	Leucemie limfoidă cronică	**CLL**	Chronic lymphoid leukemia
CMH	Citomegalovirus	**CMV**	Cytomegalovirus
CML	Leucemie mieloidă cronică	**CML**	Chronic myeloid leukemia

CPAP	Aparat cu presiune pozitivă în căile aeriene	**CPAP**	Continuous positive airways pressure
CPCM	Cancer pulmonar cu celule mici	**SCLC**	Small cell lung cancer
CPR	Resuscitare cardiopulmonară	**CPR**	Cardiopulmonary resuscitation
CPT	Capacitate pulmonară totală	**TLC**	Total lung capacity
CRF	Capacitate reziduală funcţională	**FRC**	Functional residual capacity
CRP	Proteina C reactivă	**CRP**	C reactive protein
CTG	Cardiotocografie	**CTG**	Cardiotocography
CTLF	Capacitatea totală de fixare/legare a fierului	**TIBC**	Total iron binding capacity
CTPA	Angiografie pulmonară computerizată	**CTPA**	CT pulmonary angiogram
CV	Capacitate vitală	**VC**	Vital capacity
CVF	Capacitate vitală forţată	**FVC**	Forced vital capacity

D

DI	Diabet insipid	**DI**	Diabetes insipidus
DIC	Coagulare intravasculară diseminată	**DIC**	Disseminated intravascular coagulation
DID	Diabet insulinodependent	**IDDM**	Insulin-dependent diabetes mellitus
DIU	Dispozitiv contraceptiv intrauterin, sterilet	**IUCD**	Intra-uterine contraceptive device
DNID	Diabet non-insulinodependent	**NIDDM**	Non-insulin-dependent diabetes
DPAC	Dializă peritoneală ambulatorie continuă	**CAPD**	Continuous ambulatory peritoneal dialysis
DPN	Dispnee paroxistică nocturnă	**PND**	Paroxsysmal noctural dyspnoea
DSA	Defect septal atrial	**ASD**	Atrial septal defect
DSV	Defect septal ventricular	**VSD**	Ventricular septal defect
DT	Delirium tremens	**DT**	Delirium tremens
DZ	Diabet zaharat	**DM**	Diabetes mellitus

E

EBV	Virusul Epstein-Barr	**EBV**	Epstein-Barr virus
ECC	Electrocardiogramă	**ECG**	Electrocardiogram
EEG	Electroencefalogramă	**EEG**	Electroencephalogram
EKG	Electrocardiogramă	**ECG**	Electrocardiogram
EMG	Electromiografie	**EMG**	Electromyography
EP	Embolie pulmonară	**PE**	Pulmonary embolism
EPA	Edem pulmonar acut	**APO**	Acute pulmonary oedema
ERCP	Colangiopancreatografie endoscopică retrogradă	**ERCP**	Endoscopic retrograde cholangiopancreatography
ESA	Extrasistole atriale, contracţii atriale premature	**APC**	Atrial premature contractions
ESV	Extrasistole ventriculare, contracţii ventriculare premature	**PVC**	Premature ventricular contractions

ETO	Ecocardiografie transesofagiană	**TOE**	Transoesophageal echocardiography
ETT	Ecocardiografie transtoracică	**TTE**	Transthoracic echocardiography
ETV	Ecografie transvaginală	**TVUS**	Transvaginal ultrasound
F			
FA	Fibrilaţie atrială	**AF/A.Fib.**	Atrial fibrillation
FC	Frecvenţă cardiacă	**HR**	Heart rate
FDP	Produşi de degradare a fibrinogenului	**FDP**	Fibrin degradation products
FE	Fracţie de ejecţie	**EF**	Ejection fraction
FIS	Fosa iliacă stângă	**LIF**	Left illiac fossa
FIV, IVF	Fecundare in vitro	**IVF**	In vitro fertilisation
FOBT	Testul pentru sânge ocult în fecale	**FOB**	Faecal occult blood
FPI	Fibroză pulmonară idiopatică	**IPF**	Idiopathic pulmonary fibrosis
FR	Factor reumatoid	**RF**	Rheumatoid factor
FR	Frecvenţă respiratorie	**RR**	Respiratory rate
FV	Fibrilaţie ventriculară	**VF**	Ventricular fibrillation
G			
GMSN	Gamapatie monoclonală cu semnificaţie nedeterminată	**MGUS**	Monoclonal gammopathy of uncertain significance
GN	Glomerulonefrită	**GN**	Glomeluronephritis
GVHD	Reacţia grefă contra gazdă	**GVHD**	Graft versus host disease
H			
HAP	Hemoragie ante-partum	**APH**	Antepartum haemorrhage
HAS	Hipertrofie atrială stângă	**LAH**	Left atrial hypertrophy
HAT	Histerectomie abdominală totală	**TAH**	Total abdominal hysterectomy
Hb	Hemoglobină	**Hb**	Haemoglobin
HbA1c	Hemoglobină glicată	**HbA1c**	Glycated haemoglobin
HBP	Hiperplazie benignă de prostată	**BPH**	Benign prostatic hyperplasia
Hct	Hematocrit	**Hct**	Haematocrit
HDL	Lipoproteină cu densitate crescută	**HDL**	High density lipoprotein
HELLP	Hemoliză, citoliză hepatică, trombocitopenie (sindrom)	**HELLP**	Haemolysis, Elevated Liver enzymes, Low Platelets (syndrome)
HIV	Virusul imunodeficienţei umane	**HIV**	Human immunodeficiency virus
HMMM	Heparină cu masă moleculară mică	**LMWH**	Low molecular weight heparin
HNF	Heparină nefracţionată	**UFH**	Unfractionated heparin
HP	Hemoragie post-partum	**PPH**	Postpartum haemorrhage
HPV	Papilomavirus uman	**HPV**	Human papillomavirus
HR	Frecvenţă cardiacă	**HR**	Heart rate
HRT	Tratament de substituţie hormonală	**HRT**	Hormone replacement therapy
HSA	Hemoragie subarahnoidiană	**SAH**	Subarachnoid haemorrhage

HSV	Virusul herpes simplex	**HSV**	Herpes simplex virus
HTA	Hipertensiune arterială	**HTN**	Hypertension
HTAG	Hipertensiune arterială gravidică	**PIH**	Pregnancy induced hypertension
HVS	Hipertrofie ventriculară stângă	**LVH**	Left ventricular hypertrophy
I			
i.e.	(*Id est*) Adică	**i.e.**	(*Id est*) That is
ICC	Insuficienţă cardiacă congestivă	**CCF**	Congestive cardiac failure
ICD	Defibrilator cardiac implantabil	**ICD**	Implantable cardiac defibrillator
ICD	Insuficienţă cardiacă dreaptă	**RHF**	Right heart failure
ICP	Intervenţie coronariană percutanată	**PCI**	Percutaneous coronary intervention
ICRI	Infecţia căilor respiratorii inferioare	**LRTI**	Lower respiratory tract infection
ICRS	Infecţia căilor respiratorii superioare	**URTI**	Upper respiratory tract infection
ICS	Insuficienţă cardiacă stângă	**LVF**	Left ventricular failure
IDDM	Diabet insulinodependent	**IDDM**	Insulin-dependent diabetes mellitus
IEC	Inhibitor de enzimă de conversie	**ACEI**	Angiotensin-converting enzyme
IgIV	Imunoglobulină administrată intravenos	**IVIg**	Intravenous immunoglobulin
IM	Infarct miocardic	**MI**	Myocardial infarction
IM	Insuficienţă mitrală	**MI**	Mitral incompotence/regurgitation
IM	Intramuscular	**IM**	Intramuscular
IMAO	Inhibitori de monoamin-oxidază	**MAOI**	Mono-amine oxidase inhibitors
INR	Raport normalizat internaţional	**INR**	International normalised ratio
IQ	Coeficient de inteligenţă	**IQ**	Intelligence quotient
IRA	Insuficienţă renală acută	**AKI, ARF**	Acute kidney injury, acute renal failure
IRC	Insuficienţă renală cronică	**CKD**	Chronic renal failure
IRM	Imagistică prin rezonanţă magnetică	**MRI**	Magnetic resonance imaging
IRT	Insuficienţă renală terminală	**ESRF**	End stage renal failure
IU	Infecţie urinară	**UTI**	Urinary tract infection
IU	Intrauterin	**IU**	Intra-uterine
IV	Intravenos	**IV**	Intravenous
K			
KUB	Rinichi, uretere, vezică	**KUB**	Kidneys, ureter, bladder
L			
LABA	Beta-agonist cu acţiune de lungă durată	**LABA**	Long acting beta agonist
LAL	Leucemie limfoblastică acută	**ALL**	Acute lymphoblastic leukemia
LCR	Lichid cefalorahidian, lichid cerebrospinal	**CSF**	Cerebrospinal fluid

LDL	Lipoproteină de densitate scăzută	**LDL**	Low density lipoprotein
LED, LES	Lupus eritematos sistemic, lupus eritematos diseminat	**SLE**	Systemic lupus erythematosus
LLA	Leucemie limfoblastică acută	**ALL**	Acute lymphoblastic leukemia
LLC	Leucemie limfoidă cronică	**CLL**	Chronic lymphoid leukemia
LM	Eliberare modificată	**MR**	Modified release
LMA	Leucemie mieloidă acută	**AML**	Acute myeloid leukemia
LMC	Leucemie mieloidă cronică	**CML**	Chronic myeloid leukemia
LMP	Data ultimei menstruaţii	**LMP**	Last menstrual period

M

MCHC	Concentraţia medie de hemoglobină corpusculară	**MCHC**	Mean corpuscular haemoglobin concentration
MEN	Neoplazii endocrine multiple	**MEN**	Multiple endocrine neoplasia
MFIU	Moarte fetală intrauterină	**FDIU**	Foetal death in utero
MGUS	Gamapatie monoclonală cu semnificaţie nedeterminată	**MGUS**	Monoclonal gammopathy of uncertain significance
MPS	Mucopolizaharid	**MPS**	Mucopolysaccharide
MRCP	Colangiopancreatografie prin rezonanţă magnetică	**MRCP**	Magnetic resonance cholangiopancreatography
MS	Scleroză multiplă, scleroză în plăci	**MS**	Multiple sclerosis
MSM	Bărbaţi care au raporturi sexuale cu bărbaţi	**MSM**	Men who have sex with men

N

NEM	Neoplazii endocrine multiple	**MEN**	Multiple endocrine neoplasia
NFS	Numărarea formulei sangvine	**FBC**	Full blood count
NIDDM	Diabet non-insulinodependent	**NIDDM**	Non-insulin-dependent diabetes
NIGA	Fronto-iliacă stângă anterioară (poziţia fătului)	**LFA**	Left fronto-anterior (position of foetus)
NPT	Nutriţie parenterală totală	**TPN**	Total parenteral nutrition
NSTEMI	Sindrom coronarian acut fără supradenivelarea segmentului ST	**NSTEMI**	Acute coronary syndrome without ST elevation
NTA	Necroză tubulară acută	**ATN**	Acute tubular necrosis

O

OA	Osteoartrită	**OA**	Osteoarthiritis
OLD	Oxigenoterapie de lungă durată	**LTOT**	Long term oxygen therapy
OMS	Organizaţia Mondială a Sănătăţii	**WHO**	World Health Organization
OP	Occipito-pubiană	**OA**	Occiput anterior

P

PAN	Poliarterită nodoasă	**PAN**	Polyarteritis nodosa
PAR	Poliartrită reumatoidă	**RA**	Rheumatoid arthritis

PBS	Peritonită bacteriană spontană	**SBP**	Spontaneous bacterial peritonitis
PCA	Persistenţă de canal arterial	**PDA**	Patent ductus arteriosus
PDF	Produşi de degradare a fibrinogenului	**FDP**	Fibrin degradation products
PEF	Debit expirator maxim de vârf	**PEF**	Peak expiratory flow
PET	Tomografie cu emisie de pozitroni	**PET**	Positron emission tomography
PEV	Potenţial evocat vizual	**EVP**	Evoked visual potential
PFR	Probe funcţionale respiratorii	**PFT**	Pulmonary function tests
PICC	Cateter central cu inserţie periferică	**PICC**	Peripherally inserted central catheter
PL	Puncţie lombară	**LP**	Lumbar puncture
p.m.	postmeridian (după-amiază)	**PM**	Post meridiem (afternoon)
PM	Post-mortem	**PM**	Postmortem
PO	Per os (pe cale orală)	**PO**	Per os (by mouth)
PPC	Plasmă proaspătă congelată	**FFP**	Fresh frozen plasma
PR	Poliartrită reumatoidă	**RA**	Rheumatoid arthritis
PRN	Pre re nata (oricând e nevoie)	**PRN**	Pre re nata (whenever needed)
PT	Timp de protrombină	**PT**	Prothrombin time
PTI	Purpură trombocitopenică idiopatică	**ITP**	Idiopathic thrombocytic purpura
PUVA	Psoralene şi ultraviolete A(terapie)	**PUVA**	Psoralens and ultraviolet A(therapy)
PVJ	Presiune venoasă jugulară	**JVP**	Jugular venous pressure

R

RAA	Reumatism articular acut	**RF**	Rheumatic fever
RAC	Raportul albuminurie : creatininurie	**ACR**	Albumin : creatinine ratio
RAM	Ruperea artificială a membranelor	**ARM**	Artificial rupture of the membranes
RBC	Globule roşii	**RBC**	Red blood cells
RCIU	Restricţie de creştere intrauterină	**IUGR**	Intra-uterine fetal growth restriction
RCP	Resuscitare cardiopulmonară	**CPR**	Cardiopulmonary resuscitation
RCUH	Rectocolită ulcerohemoragică/ colită ulcerativă	**UC**	Ulcerative colitis
RF	Factor reumatoid	**RF**	Rheumatoid factor
RFG	Rata de filtrare glomerulară	**GFR**	Glomelular filtration rate
RGCG	Reacţia grefă contra gazdă	**GVHD**	Graft versus host disease
RGE	Reflux gastroesofagian	**GORD**	Gastro-oesophageal reflux disease
RM	Ruperea mebranelor	**ROM**	Rupture of membranes
RMN	Imagistică prin rezonanţă magnetică	**MRI**	Magnetic resonance imaging
ROR	Rujeolă-oreion-rubeolă	**MMR**	Measles-mumps-rubella
RPM	Ruperea prematură a membranelor	**PSA**	Prostate specific antigen
RSM	Ruptura spontană a membranelor	**SROM**	Spontaneous rupture of membranes

RSN	Ritm sinusal normal	**NSR**	Normal sinus rhythm
RSP	Retard staturoponderal	**FTT**	Failure to thrive
RTUP	Rezecţia transuretrală a prostatei	**TURP**	Transurethral resection of prostate
Rx	Radiografie	**XR**	X-ray
RxP	Radiografie pulmonară	**CXR**	Chest X-ray

S

SA	Spondilită anchilozantă	**AS**	Ankylosing spondylitis
SA	Stenoză aortică	**AS**	Aortic stenosis
SABA	Beta-agonist cu acţiune de scurtă durată	**SABA**	Short acting beta agonist
SAF	Sindrom de alcoolism fetal	**FAS**	Foetal alcohol syndrome
SC	Subcutan	**SC**	Subcutaneous
SCA	Sindrom coronarian acut	**ACS**	Acute coronary syndrome
SCI	Sindrom de colon iritabil	**IBS**	Irritable bowel syndrome
SDRA	Sindrom de detresă respiratorie acută	**ARDS**	Acute respiratory distress syndrome
SHU	Sindrom hemolitic-uremic	**HUS**	Hemolytic uremic syndrome
SIDA	Sindromul imunodeficienţei dobândite	**AIDS**	Acquired immunodeficiency syndrome
SIU	Sistem intrauterin	**IUS**	Intrauterine system
SLA	Scleroză laterală amiotrofică	**ALS**	Amyoptrophic lateral sclerosis
SM	Scleroză multiplă, scleroză în plăci	**MS**	Multiple sclerosis
SM	Stenoză mitrală	**MS**	Mitral stenosis
SNA	Sistemul nervos autonom	**ANS**	Autonomic nervous system
SOF	Testul pentru sânge ocult în fecale	**FOB**	Faecal occult blood
SOP	Sindromul ovarelor polichistice	**PCOS**	Polycystic ovarian syndrome
SpA	Spondilită anchilozantă	**AS**	Ankylosing spondylitis
SPEP	Electroforeza proteinelor serice	**SPEP**	Serum protein electrophoresis
SPM	Sindrom premenstrual	**PMS**	Premenstrual syndrome
SRAS	Sindrom respirator acut sever	**SARS**	Severe acute respiratory syndrome
STEMI	Sindrom coronarian acut cu supradenivelarea segmentului ST	**STEMI**	Acute coronary syndrome with ST elevation

T

TA	Tensiune arterială	**BP**	Blood pressure
TBC	Tuberculoză	**TB**	Tuberculosis
TCC	Terapie cognitiv-comportamentală	**CBT**	Cognitive behavioural therapy
TE	Trombocitemie esenţială	**ET**	Essential thrombocytopenia
TEV	Tromboembolism venos	**VTE**	Veno-thrombo-embolism
TIBC	Capacitatea totală de fixare/legare a fierului	**TIBC**	Total iron binding capacity
TIC	Tensiune intracraniană	**ICP**	Intracranial pressure
TNM	T (tumoră primară/primitivă), N (ganglion/nodul), M (metastază)	**TNM**	T (primary tumour), N (node), M (metastasis)

TOC	Tulburare obsesiv-compulsivă	**OCD**	Obsessive compulsive disorder
TORCH	Toxoplasmoză, alţi viruşi, rubeolă, citomegalovirus şi herpes simplex	**TORCH**	Toxoplasmosis, other viruses, rubella, CMV and herpes virus
TP	Timp de protrombină	**PT**	Prothrombin time
TR	Tuşeu rectal	**DRE**	Digital rectal exam
TSV	Tahicardie supraventriculară	**SVT**	Supraventricular tachycardia
tTG	Transglutaminază tisulară	**TTG**	Tissue transglutaminase
TURP	Rezecţia transuretrală a prostatei	**TURP**	Transurethral resection of prostate
TV	Tahicardie ventriculară	**VT**	Ventricular tachycardia
TVP	Tromboză venoasă profundă	**DVT**	Deep venous thrombosis

U

UDI	Utilizatori de droguri pe cale intravenoasă (prin injectare)	**IVDU**	Intravenous drug users
UG	Ulcer gastric	**GU**	Gastric ulcer
UGD	Ulcer gastroduodenal	**PU**	Peptic ulcer
UI	Unitate internaţională	**IU**	International unit
UNG	Uretrită negonococică	**NGU**	Non-gonorrheal urethritis
UTI	Secţie de terapie intensivă	**ICU**	Intensive care unit
UTIC	Unitate de terapie intensivă coronariană	**CCU**	Coronary care unit

V

VAP	Pneumonie dobândită în timpul ventilaţiei mecanice	**VAP**	Ventilation acquired pneumonia
VB	Vezic(ul)ă biliară	**GB**	Gallbladder
VCM	Volum corpuscular/globular mediu	**MCV**	Mean corpuscular volume
VD	Ventricul drept	**RV**	Right ventricle
VEMS	Volum expirator maxim pe secundă	**FEV1**	Forced expiratory volume at one second
VHA	Virusul hepatitic A	**HAV**	Hepatitis A virus
VHB	Virusul hepatitic B	**HBV**	Hepatitis B virus
VHC	Virusul hepatitic C	**HCV**	Hepatitis C virus
VIP	Polipeptid intestinal vasoactiv	**VIP**	Vasoactive intestinal polypeptide
VNI	Ventilaţie neinvazivă	**NIV**	Non-invasive ventilation
VPB	Vertij poziţional benign	**BPV**	Benign positional vertigo
VR	Volum rezidual	**RV**	Residual volume
VS	Ventricul stâng	**LV**	Left ventricle
VSH	Viteza de sedimentare a hematiilor	**ESR**	Erythrocyte sedimentation rate
VZV	Virusul varicelo-zosterian	**VZV**	Varicella-zoster virus

W

WBC	Globule albe	**WBC**	White blood cells
WPW	Sindromul Wolff-Parkinson-White	**WPW**	Wolff-Parkinson-White syndrome

X			
XX	Cromozom sexual feminin	**XX**	Normal female chromosome type
XY	Cromozom sexual masculin	**XY**	Normal male chromosome type
Z			
ZC	Zgomote cardiace	**HS**	Heart sounds

English alphabetical order/ Ordine alfabetică după limba engleză

A

AA	Alcoholic anonymus	**AA**	Alcoolicii anonimi
A&E	Accident and emergency		Urgenţe
ABC	Airways, breathing and circulation		Căi aeriene, respiraţie, circulaţie
ABE	Acute bacterial endocarditis		Endocardită bacteriană
ABG	Arterial blood gas		Gaze din sânge
ABPA	Allergic bronchopulmonary aspergillosis	**ABPA**	Aspergiloză bronhopulmonară alergică
ABPI	Ankle brachial pressure index		Indice de presiune gleznă-braţ
ABPM	Ambulatory blood pressure monitoring		Măsurarea ambulatorie a tensiunii arteriale
ACEI	Angiotensin-converting enzyme	**IEC**	Inhibitor de enzimă de conversie
ACR	Albumin : creatinine ratio	**ACR, RAC**	Raportul albuminurie : creatininurie
ACS	Acute coronary syndrome	**SCA**	Sindrom coronarian acut
ADEM	Acute disseminated encephalomyelitis	**EAD**	Encefalomielită acută diseminată
ADHD	Attention deficit hyperactivity disorder	**ADHD**	Tulburare de hiperactivitate cu deficit de atenţie
ADL	Activities of daily living		Activităţi ale vieţii de zi cu zi
ADR	Adverse drug reaction		Reacţii adverse la medicamente
AED	Automated external defibrillator		Defibrilator automat extern
AED	Antiepileptic drugs		Antiepileptice
AF/A.Fib.	Atrial fibrillation	**FA**	Fibrilaţie atrială
AFB	Acid-fast bacillus	**BAAR**	Bacil acido-alcoolo-rezistent
αFP	Alpha-fetoprotein	**αFP**	Alfa-fetoproteină
AIDS	Acquired immunodeficiency syndrome	**SIDA**	Sindromul imunodeficienţei dobândite
AIHA	Autoimmune haemolytic anaemia	**AHAI**	Anemie hemolitică autoimună
A.K.A.	Also known as	**a.k.a.**	cunoscut şi ca
AKA	Above knee amputation		Amputaţie deasupra genunchiului
AKI	Acute kidney injury	**IRA**	Insuficienţă renală acută
ALL	Acute lymphoblastic leukemia	**LLA, LAL, ALL**	Leucemie limfoblastică acută
ALS	Amyoptrophic lateral sclerosis	**SLA**	Scleroză laterală amiotrofică
AM	Ante meridiem (before noon)	**a.m.**	antemeridian (înainte de amiază)
AML	Acute myeloid leukemia	**LMA, AML**	Leucemie mieloidă acută
ANS	Autonomic nervous system	**SNA**	Sistemul nervos autonom
APC	Atrial premature contractions	**ESA**	Extrasistole atriale, contracţii atriale premature
APH	Antepartum haemorrhage	**HAP**	Hemoragie ante-partum

APO	Acute pulmonary oedema	**EPA**	Edem pulmonar acut
APTT	Activated partial thromboplastin time	**APTT**	Timp de tromboplastină parţial activată
ARDS	Acute respiratory distress syndrome	**SDRA**	Sindrom de detresă respiratorie acută
ARF	Acute renal failure	**IRA**	Insuficienţă renală acută
ARM	Artificial rupture of the membranes	**RAM**	Ruperea artificială a membranelor
AS	Aortic stenosis	**SA**	Stenoză aortică
AS	Ankylosing spondylitis	**SpA, SA**	Spondilită anchilozantă
ASAP	As soon as possible		Cât de repede posibil
ASD	Atrial septal defect	**DSA**	Defect septal atrial
ATN	Acute tubular necrosis	**NTA**	Necroză tubulară acută
AV	Atrioventricular block	**BAV**	Bloc atrioventricular
AVPU	Alert; responds to voice; responds to pain; unresponsive	**AVPU**	Alert; răspunde la comenzi verbale; răspunde la stimuli dureroşi; fără reacţie

B

BBB	Blood brain barrier	**BHE**	Bariera hematoencefalică
BBB	Bundle branch block	**BR**	Bloc de ram(ură)
BCC	Basal cell carcinoma	**CBC**	Carcinom bazocelular
BCG	Bacillus Calmette-Guérin (tuberculosis vaccine)	**BCG**	Bacilul Calmette-Guérin (vaccin contra tuberculozei)
Bd	Bis die (twice a day)		De două ori pe zi
BIBA	Brought in by ambulance		Adus cu ambulanţa
Bili	Bilirubin	**Bili**	Bilirubină
BiPAP	Biphasic intermittent positive airway pressure	**BiPAP**	Aparat cu două niveluri de presiune pozitivă
Bl cult	Blood culture		Hemocultură
BNF	British national formulary		Echivalentul Registrului Medicilor
BNO	Bowels not opened		Nu a fost la toaletă
BNP	Brain natriuretic peptide	**BNP**	Peptidă natriuretică cerebrală
BP	Blood pressure	**TA**	Tensiune arterială
BPD	Biparietal diameter	**BIP, BPD**	Diametru biparietal
BPH	Benign prostatic hyperplasia	**HBP, BPH**	Hiperplazie benignă de prostată
Bpm	Beats per minute	**Bpm**	Bătăi pe minut
BPV	Benign positional vertigo	**VPB, BPV**	Vertij poziţional benign
BS+	Bowel sound present		Zgomote intestinale prezente
BWt	Birth weight		Greutatea la naştere
BZD	Benzodiazepines	**BZD**	Benzodiazepine

C

C&S	Culture and sensitivity		Cultură şi antibiogramă
CABG	Coronary artery bypass graft ("bypass")	**CABG**	Bypass coronarian

CAP	Community acquired pneumonia		Pneumonie comunitară
CAPD	Continuous ambulatory peritoneal dialysis	**DPAC**	Dializă peritoneală ambulatorie continuă
CBT	Cognitive behavioural therapy	**TCC**	Terapie cognitiv-comportamentală
CCF	Congestive cardiac failure	**ICC**	Insuficienţă cardiacă congestivă
CCU	Coronary care unit	**UTIC**	Unitate de terapie intensivă coronariană
CDT	*Clostridium difficile* toxin		Toxina *Clostridium difficile*
CEA	Carcinoembryonic antigen	**CEA**	Antigen carcinoembrionar
CIPD	Chronic inflammatory demyelinating polyneuropathy	**CIPD**	Polineuropatie demielinizantă inflamatorie cronică
CKD	Chronic renal failure	**IRC**	Insuficienţă renală cronică
CLL	Chronic lymphoid leukemia	**LLC, CLL**	Leucemie limfoidă cronică
CML	Chronic myeloid leukemia	**LMC, CML**	Leucemie mieloidă cronică
CMV	Cytomegalovirus	**CMH**	Citomegalovirus
C/O	Complaining of		Se plânge de
COC	Combined oral contraceptive		Pilulă (contraceptivă) combinată
COPD	Chronic obstructive pulmonary disease	**BPOC**	Bronhopneumopatie obstructivă cronică
CPAP	Continuous positive airways pressure	**CPAP**	Aparat cu presiune pozitivă în căile aeriene
CPR	Cardiopulmonary resuscitation	**RCP, CPR**	Resuscitare cardiopulmonară
CRP	C reactive protein	**CRP**	Proteina C reactivă
CS	Caesarean section		Cezariană
CSF	Cerebrospinal fluid	**LCR**	Lichid cefalorahidian, lichid cerebrospinal
CTG	Cardiotocography	**CTG**	Cardiotocografie
CTPA	CT pulmonary angiogram	**CTPA**	Angiografie pulmonară computerizată
CVA	Cerebrovascular accident	**AVC**	Accident vascular cerebral
CVC	Central venous catheter central line		Cateter venos central
CXR	Chest X-ray	**RxP**	Radiografie pulmonară

D

D&C	Dilation and curettage		Dilatare şi chiuretaj
D/C	Discharge (from hospital) or discontinue (treatment)		Externare (din spital) sau încetare (a tratamentului)
D&V	Diarrhoea and vomitting		Diaree şi vomă
DES	Drug eluting stent		Stent active (cu eliberare de medicament)
DI	Diabetes insipidus	**DI**	Diabet insipid
DIC	Disseminated intravascular coagulation	**CIVD, DIC**	Coagulare intravasculară diseminată
DKA	Diabetic ketoacidosis	**ACD**	Acidocetoză diabetică
DM	Diabetes mellitus	**DZ**	Diabet zaharat
DNA	Did not attend (appointment)		Nu s-a prezentat (la consult)

DNA	Deoxyribonucleic acid	**ADN**	Acid dezoxiribonucleic
DNR	Do not resuscitate		A nu se resuscita
DOA	Dead on arrival		Decedat la sosire
DOB	Date of birth		Data naşterii
DRE	Digital rectal exam	**TR**	Tuşeu rectal
DSH	Deliberate self harm		Automutilare deliberată
DT	Delirium tremens	**DT**	Delirium tremens
DVT	Deep venous thrombosis	**TVP**	Tromboză venoasă profundă

E

EBV	Epstein-Barr virus	**EBV**	Virusul Epstein-Barr
ECG	Electrocardiogram	**ECC, EKG**	Electrocardiogramă
EDD	Estimated date of delivery		Data estimată pentru naştere
EEG	Electroencephalogram	**EEG**	Electroencefalogramă
EF	Ejection fraction	**FE**	Fracţie de ejecţie
EMG	Electromyography	**EMG**	Electromiografie
ERCP	Endoscopic retrograde cholangiopancreatography	**ERCP**	Colangiopancreatografie endoscopică retrogradă
ESR	Erythrocyte sedimentation rate	**VSH**	Viteza de sedimentare a hematiilor
ESRF	End stage renal failure	**IRT**	Insuficienţă renală terminală
EST	Exercise stress test (on treadmill)		Probă de efort (pe banda rulantă)
ET	Essential thrombocytopenia	**TE**	Trombocitemie esenţială
EVP	Evoked visual potential	**PEV**	Potenţial evocat vizual

F

FAS	Foetal alcohol syndrome	**SAF**	Sindrom de alcoolism fetal
FBC	Full blood count	**NFS**	Numărarea formulei sangvine
FDIU	Foetal death in utero	**MFIU**	Moarte fetală intrauterină
FDP	Fibrin degradation products	**PDF, FDP**	Produşi de degradare a fibrinogenului
FEV1	Forced expiratory volume at one second	**VEMS**	Volum expirator maxim pe secundă
FFP	Fresh frozen plasma	**PPC**	Plasmă proaspătă congelată
FH	Family history		Istoricul familial
FNA	Fine needle aspiration		Puncţie cu ac fin
FOB	Faecal occult blood	**SOF, FOBT**	Testul pentru sânge ocult în fecale
FOOSH	Fall on outstretched hand		Cădere pe mâna întinsă
FRC	Functional residual capacity	**CRF**	Capacitate reziduală funcţională
FTT	Failure to thrive	**RSP**	Retard staturoponderal
FVC	Forced vital capacity	**CVF**	Capacitate vitală forţată

G

GA	General anaesthesia	**AG**	Anestezie generală
GB	Gallbladder	**VB**	Vezic(ul)ă biliară

GBS	Guillain-Barré syndrome	Sindromul Guillain-Barré
GCA	Giant cell arteritis	**ACG** Arterită cu celule gigant
GFR	Glomelular filtration rate	**RFG** Rata de filtrare glomerulară
GN	Glomeluronephritis	**GN** Glomerulonefrită
GORD	Gastro-oesophageal reflux disease	**RGE** Reflux gastroesofagian
GP	General practitioner	Medic specialist
GU	Gastric ulcer	**UG** Ulcer gastric
GVHD	Graft versus host disease	**RGCG, GVHD** Reacţia grefă contra gazdă

H

HAP	Hospital acquired pneumonia/ nosocomial pneumonia	Pneumonie contractată în spital/pneumonie nosocomială
HAV	Hepatitis A virus	**VHA** Virusul hepatitic A
Hb	Haemoglobin	**Hb** Hemoglobină
HbA1c	Glycated haemoglobin	**HbA1c** Hemoglobină glicată
HBV	Hepatitis B virus	**VHB** Virusul hepatitic B
HCA	Health care assistant/nurse's aid	Infiermier
HCAP	Health-care associated pneumonia	Pneumonie extraspitalicească asociată cu îngrijirile de sănătate
HCC	Hepatocellular carcinoma	**CHC** Carcinom hepatocelular
Hct	Haematocrit	**Hct** Hematocrit
HCV	Hepatitis C virus	**VHC** Virusul hepatitic C
HDL	High density lipoprotein	**HDL** Lipoproteină cu densitate crescută
HELLP	Haemolysis, Elevated Liver enzymes, Low Platelets (syndrome)	**HELLP** Hemoliză, citoliză hepatică, trombocitopenie (sindrom)
HIV	Human immunodeficiency virus	**HIV** Virusul imunodeficienţei umane
HPV	Human papillomavirus	**HPV** Papilomavirus uman
HR	Heart rate	**FC, HR** Frecvenţă cardiacă
HRCT	High resolution CT	CT de înaltă rezoluţie
HRT	Hormone replacement therapy	**HRT** Tratament de substituţie hormonală
HS	Heart sounds	**ZC** Zgomote cardiace
HSV	Herpes simplex virus	**HSV** Virusul herpes simplex
HTN	Hypertension	**HTA** Hipertensiune arterială
HUS	Hemolytic uremic syndrome	**SHU** Sindrom hemolitic-uremic
Hx	History	Istoric, anamneză
HxPC	History of presenting complaint	Istoricul bolii

I

IBD	Inflammatory bowel disease	**BII** Boală inflamatorie intestinală
IBS	Irritable bowel syndrome	**SCI** Sindrom de colon iritabil
ICD	Implantable cardiac defibrillator	**ICD** Defibrilator cardiac implantabil
ICP	Intracranial pressure	**TIC** Tensiune intracraniană
ICU	Intensive care unit	**UTI, ATI** Secţie de terapie intensivă
IDA	Iron deficiency anaemia	Anemie feripriva

IDDM	Insulin-dependent diabetes mellitus	**DID, IDDM**	Diabet insulinodependent
i.e.	(*Id est*) That is	**i.e.**	(*Id est*) Adică
IE	Infective endocarditis		Endocardită infecţioasă
IGT	Impaired glucose tolerance		Intoleranţă glucidică
IM	Intramuscular	**IM**	Intramuscular
INR	International normalised ratio	**INR, RNI**	Raport normalizat internaţional
IPF	Idiopathic pulmonary fibrosis	**FPI**	Fibroză pulmonară idiopatică
IQ	Intelligence quotient	**IQ**	Coeficient de inteligenţă
ITP	Idiopathic thrombocytic purpura	**PTI**	Purpură trombocitopenică idiopatică
IU	Intra-uterine	**IU**	Intrauterin
IU	International unit	**UI**	Unitate internaţională
IUCD	Intra-uterine contraceptive device	**DIU**	Dispozitiv contraceptiv intrauterin, sterilet
IUGR	Intra-uterine fetal growth restriction	**RCIU**	Restricţie de creştere intrauterină
IUS	Intrauterine system	**SIU**	Sistem intrauterin
IV	Intravenous	**IV**	Intravenos
IVDU	Intravenous drug users	**UDI**	Utilizatori de droguri pe cale intravenoasă (prin injectare)
IVF	In vitro fertilisation	**FIV, IVF**	Fecundare in vitro
IVIg	Intravenous immunoglobulin	**IgIV**	Imunoglobulină administrată intravenos
J			
JVP	Jugular venous pressure	**PVJ**	Presiune venoasă jugulară
K			
KUB	Kidneys, ureter, bladder	**KUB**	Rinichi, uretere, vezică
L			
LA	Local anaesthesia	**AL**	Anestezie locală
LA	Long acting		Eliberare prelungită
LABA	Long acting beta agonist	**LABA**	Beta-agonist cu durată lungă
LAH	Left atrial hypertrophy	**HAS**	Hipertrofie atrială stângă
LBBB	Left bundle branch block	**BRS**	Bloc de ramură stângă
LDL	Low density lipoprotein	**LDL**	Lipoproteină de densitate scăzută
LFA	Left fronto-anterior (position of foetus)	**NIGA**	Fronto-iliacă stângă anterioară (poziţia fătului)
LIF	Left illiac fossa	**FIS**	Fosa iliacă stângă
LLL	Left lower lobe (of lung)		Lobul inferior stâng (al plămânului)
LMP	Last menstrual period	**LMP**	Data ultimei menstruaţii
LMWH	Low molecular weight heparin	**HMMM**	Heparină cu masă moleculară mică
LOC	Loss of consciousness		Pierderea cunoştinţei
LP	Lumbar puncture	**PL**	Puncţie lombară
LRTI	Lower respiratory tract infection	**ICRI**	Infecţia căilor respiratorii inferioare

LTC	Long term care		Îngrijire pe termen lung
LTOT	Long term oxygen therapy	**OLD**	Oxigenoterapie de lungă durată
LV	Left ventricle	**VS**	Ventricul stâng
LVF	Left ventricular failure	**ICS**	Insuficienţă cardiacă stângă
LVH	Left ventricular hypertrophy	**HVS**	Hipertrofie ventriculară stângă

M

MAOI	Mono-amine oxidase inhibitors	**IMAO**	Inhibitori de monoamin-oxidază
MAP	Morning after pill		Pilula de a doua zi
MCHC	Mean corpuscular haemoglobin concentration	**MCHC, CHEM**	Concentraţia medie de hemoglobină corpusculară
MCV	Mean corpuscular volume	**VCM**	Volum corpuscular/globular mediu
MDT	Multidisciplinary team		Echipă multidisciplinară
MEN	Multiple endocrine neoplasia	**NEM, MEN**	Neoplazii endocrine multiple
MG	Myasthenia gravis		Miastenie
MGUS	Monoclonal gammopathy of uncertain significance	**GMSN, MGUS**	Gamapatie monoclonală cu semnificaţie nedeterminată
MI	Myocardial infarction	**IM**	Infarct miocardic
MI	Mitral incompotence/regurgitation	**IM**	Insuficienţă mitrală
MMR	Measles-mumps-rubella	**ROR**	Rujeolă-oreion-rubeolă
MND	Motor neurone disease		Boală a neuronilor motori
MPS	Mucopolysaccharide	**MPS**	Mucopolizaharid
MR	Modified release	**LM**	Eliberare modificată
MRCP	Magnetic resonance cholangiopancreatography	**MRCP**	Colangiopancreatografie prin rezonanţă magnetică
MRI	Magnetic resonance imaging	**IRM, RMN**	Imagistică prin rezonanţă magnetică
MS	Multiple sclerosis	**SM, MS**	Scleroză multiplă, scleroză în plăci
MS	Mitral stenosis	**SM**	Stenoză mitrală
MSM	Men who have sex with men	**MSM**	Bărbaţi care au raporturi sexuale cu bărbaţi
MSU	Mid-stream urine		Examenul citobacteriologic al urinei

N

N&V	Nausea and vomiting		Greaţă şi vărsături
NAD	No abnormalities detected		Nicio anomalie detectată
NAI	Non-accidental injury		Vătămare neaccidentală
NBM	Nil by mouth/nil per os (NPO)		Nimic pe cale orală
ND	Normal delivery		Naştere normală
NGT	Nasogastric tube		Sondă nazogastrică
NGU	Non-gonorrheal urethritis	**UNG**	Uretrită negonococică
NIDDM	Non-insulin-dependent diabetes	**DNID, NIDDM**	Diabet non-insulinodependent
NIV	Non-invasive ventilation	**VNI**	Ventilaţie neinvazivă

NKDA	No known drug allergies		Nicio alergie la medicamente cunoscută
NS	Normal saline		Soluţie salină izotonă
NSAID	Non-steroidal anti-inflammatory drug (for example aspirin)	**AINS**	Antiinflamator nesteroidian (de exemplu, aspirină)
NSAP	Non specific abdominal pain		Durere abdominală nespecifică
NSCLC	Non-small cell lung cancer		Cancer pulmonar fără celule mici
NSR	Normal sinus rhythm	**RSN**	Ritm sinusal normal
NSTEMI	Acute coronary syndrome without ST elevation	**NSTEMI**	Sindrom coronarian acut fără supradenivelarea segmentului ST

O

OA	Occiput anterior	**OP**	Occipito-pubiană
OA	Osteoarthiritis	**OA**	Osteoartrită
OCD	Obsessive compulsive disorder	**TOC**	Tulburare obsesiv-compulsivă
OCP	Oral contraceptive pill		Pilulă contraceptivă orală
OD	Overdose		Supradoză de medicamente
O/E	On examination		La examinare
OGD	Oesophagastroduodenoscopy		Fibroscopie esogastroduodenală
OGTT	Oral glucose tolerance test		Hiperglicemie provocată pe cale orală
OPD	Outpatient department		Serviciu de consultaţii externe
OSA	Obstructive sleep apnoea	**AOS**	Apnee obstructivă de somn
OTC	Over the counter medication		Medicamente eliberate fără reţetă

P

PAN	Polyarteritis nodosa	**PAN**	Poliarterită nodoasă
Para	Parity		Paritate
PBC	Primary biliary cirrhosis	**CBP**	Ciroză biliară primară
PBP	Progressive bulbar palsy		Paralizie bulbară progresivă
PC	Presenting complaint		Prezentarea problemei (la consultaţie)
PCI	Percutaneous coronary intervention	**ICP**	Intervenţie coronariană percutanată
PCKD	Polycystic kidney disease		Boala rinichiului polichistic
PCOS	Polycystic ovarian syndrome	**SOP**	Sindromul ovarelor polichistice
PCV	Pneumococcal vaccine		Vaccin pneumococic
PDA	Patent ductus arteriosus	**PCA**	Persistenţă de canal arterial
PE	Pulmonary embolism	**EP**	Embolie pulmonară
PERLA	Pupils equal, react to light and accommodation		Pupile egale, normale, contractile
PEF	Peak expiratory flow	**PEF**	Debit expirator maxim de vârf
PET	Positron emission tomography	**PET**	Tomografie cu emisie de pozitroni
PET	Pre-eclamptic toxaemia		Toxemie preeclamptică
PFA	Plain film of the abdomen		Radiografie pe stomacul gol
PFT	Pulmonary function tests	**PFR**	Probe funcţionale respiratorii
PHN	Public health nurse		Infirmieră specializată în sănătate publică

PICC	Peripherally inserted central catheter	**PICC**	Cateter central cu inserţie periferică
PID	Pelvic inflammatory disease	**BIP**	Boală inflamatorie pelvină
PIH	Pregnancy induced hypertension	**HTAG**	Hipertensiune arterială gravidică
PM	Post meridiem (afternoon)	**p.m.**	postmeridian (după-amiază)
PM	Postmortem	**PM**	Post-mortem
PMB	Postmenopausal bleeding		Sângerare post-menopauză
PMS	Premenstrual syndrome	**SPM**	Sindrom premenstrual
PND	Paroxsysmal noctural dyspnoea	**DPN**	Dispnee paroxistică nocturnă
PO	Per os (by mouth)	**PO**	Per os (pe cale orală)
POP	Progesterone only pill (mini-pill)		Pilulă progestativă
PP	Private patient		Pacient privat
PPH	Postpartum haemorrhage	**HP**	Hemoragie post-partum
PR	Per rectum		Pe cale rectală
PRN	Pre re nata (whenever needed)	**PRN**	Pre re nata (oricând e nevoie)
PROM	Premature rupture of membranes	**RPM**	Ruperea prematură a membranelor
PSA	Prostate specific antigen		Antigen specific prostatei
PSC	Primary sclerosing cholangitis		Colangită sclerozantă primară
PT	Prothrombin time	**TP, PT**	Timp de protrombină
PU	Peptic ulcer	**UGD**	Ulcer gastroduodenal
PUD	Peptic ulcer disease	**UGD**	Ulcer gastroduodenal
PUO	Pyrexia of unknown origin		Pirexie de origine necunoscută
PUVA	Psoralens and ultraviolet A(therapy)	**PUVA**	Psoralene şi ultraviolete A(terapie)
PV	Per vaginam		Pe cale vaginală
PVC	Premature ventricular contractions	**ESV**	Extrasistole ventriculare
PVD	Peripheral vascular disease	**BAP**	Boală vasculară periferică

Q

Qds	Quater die sumendus (four times daily)		De patru ori pe zi

R

RA	Room air		Aerul ambiant
RA	Rheumatoid arthritis	**PR, PAR**	(Poli)artrită reumatoidă
RBBB	Right bundle branch block	**BRD**	Bloc de ramură dreaptă
RBC	Red blood cells	**RBC**	Globule roşii
RF	Rheumatoid factor	**FR, RF**	Factor reumatoid
RF	Rheumatic fever	**RAA**	Reumatism articular acut
RHF	Right heart failure	**ICD**	Insuficienţă cardiacă dreaptă
RIP	Rest in peace		Decedat
ROM	Range of movement		Mobilitate
ROM	Rupture of membranes	**RM**	Ruperea mebranelor
ROS	Review of systems		Examenul sistemelor
RR	Respiratory rate	**FR**	Frecvenţă respiratorie

RTA	Renal tubular acidosis	**ATR**	Acidoză tubulară renală
RTA	Road traffic accident		Accident de circulaţie
RV	Residual volume	**VR**	Volum rezidual
RV	Right ventricle	**VD**	Ventricul drept
Rx	Prescription, treatment or therapy		Prescripţie, tratament sau terapie

S

SABA	Short acting beta agonist	**SABA**	Beta-agonist cu acţiune de scurtă durată
SAH	Subarachnoid haemorrhage	**HSA**	Hemoragie subarahnoidiană
SALT	Speech and language therapist		Terapeut specializat în tulburări de vorbire
SARS	Severe acute respiratory syndrome	**SRAS**	Sindrom respirator acut sever
SB	Still born		Născut mort
SBP	Spontaneous bacterial peritonitis	**PBS**	Peritonită bacteriană spontană
SC	Subcutaneous	**SC**	Subcutan
SCC	Squamous cell carcinoma	**CCS**	Carcinom cu celule scuamoase
SCLC	Small cell lung cancer	**CPCM**	Cancer pulmonar cu celule mici
SD	Spontaneous delivery		Naştere spontană
SHO	Senior house officer		Rezident
SIDS	Sudden infant death syndrome/cot death		Moartea subită a sugarului
SLE	Systemic lupus erythematosus	**LES, LED**	Lupus eritematos sistemic, lupus eritematos diseminat
SOB	Short of breath		Dispnee
SOBOE	Short of breath on exertion		Dispnee de efort
SPEP	Serum protein electrophoresis	**SPE, SPEP**	Electroforeza proteinelor serice
SROM	Spontaneous rupture of membranes	**RSM**	Ruptura spontană a membranelor
STD	Sexually transmitted diseases	**BTS**	Boală cu transmitere sexuală
STEMI	Acute coronary syndrome with ST elevation	**STEMI**	Sindrom coronarian acut cu supradenivelarea segmentului ST
SVD	Spontaneous vaginal delivery		Naştere vaginală spontană
SVT	Supraventricular tachycardia	**TSV**	Tahicardie supraventriculară

T

TAH	Total abdominal hysterectomy	**HAT**	Histerectomie abdominală totală
TB	Tuberculosis	**TBC**	Tuberculoză
TB	Tubercle bacillus	**BK**	Bacilul Koch
tbsp	Table spoon		lingură
TCC	Transitional cell carcinoma		Carcinom cu celule tranziţionale
TDS	Ter die sumendus (three times daily)		De trei ori pe zi
TED	Thrombo-embolic deterrent stockings		Ciorapi antitromboză

TFT	Thyroid function test	Test funcţional tiroidian	
THR	Total hip replacement	Atroplastie totală de şold	
TIA	Transient ischemic attack (mini-stroke)	**AIT**	Accident ischemic tranzitor (mini-atac)
TIBC	Total iron binding capacity	**CTLF, TIBC**	Capacitatea totală de fixare/legare a fierului
TLC	Total lung capacity	**CPT**	Capacitate pulmonară totală
TNM	T (primary tumour), N (node), M (metastasis)	**TNM**	T (tumoră primară/primitivă), N (ganglion/nodul), M (metastază)
TOE	Transoesophageal echocardiography	**ETO**	Ecocardiografie transesofagiană
TORCH	Toxoplasmosis, other viruses, rubella, CMV and herpes virus	**TORCH**	Toxoplasmoză, alţi viruşi, rubeolă, citomegalovirus şi herpes simplex
TPN	Total parenteral nutrition	**NPT**	Nutriţie parenterală totală
TTE	Transthoracic echocardiography	**ETT**	Ecocardiografie transtoracică
TTG	Tissue transglutaminase	**tTG**	Transglutaminază tisulară
TURP	Transurethral resection of prostate	**RTUP, TURP**	Rezecţia transuretrală a prostatei
TVUS	Transvaginal ultrasound	**ETV**	Ecografie transvaginală
Tx	Treatment	Tratament	
U			
UC	Ulcerative colitis	**RCUH**	Rectocolită ulcerohemoragică/colită ulcerativă
UFH	Unfractionated heparin	**HNF**	Heparină nefracţionată
UO	Urinary output	Cantitatea de urină eliminată	
URTI	Upper respiratory tract infection	**ICRS**	Infecţia căilor respiratorii superioare
US	Ultrasound	Ecografie	
UTI	Urinary tract infection	**IU**	Infecţie urinară
V			
VAP	Ventilation acquired pneumonia	**VAP**	Pneumonie dobândită în timpul ventilaţiei mecanice
VC	Vital capacity	**CV**	Capacitate vitală
VF	Ventricular fibrillation	**FV**	Fibrilaţie ventriculară
VIP	Vasoactive intestinal polypeptide	**VIP**	Polipeptid intestinal vasoactiv
VSD	Ventricular septal defect	**DSV**	Defect septal ventricular
VT	Ventricular tachycardia	**TV**	Tahicardie ventriculară
VTE	Veno-thrombo-embolism	**TEV**	Tromboembolism venos
VZV	Varicella-zoster virus	**VZV**	Virusul varicelo-zosterian
W			
WBC	White blood cells	**WBC**	Globule albe
WHO	World Health Organization	**OMS**	Organizaţia Mondială a Sănătăţii
WPW	Wolff-Parkinson-White syndrome	**WPW**	Sindromul Wolff-Parkinson-White

X

XR	X-ray	**Rx**	Radiografie
XX	Normal female chromosome type	**XX**	Cromozom sexual feminin
XY	Normal male chromosome type	**XY**	Cromozom sexual masculin

Health care personnel and establishments

Personalul medico-sanitar și unitățile de îngrijire

Health care staff — Personalul medico-sanitar

Health care staff	Personalul medico-sanitar
Medical student	Student la medicină
Medical student in his/her clinical years	Student la medicină începând cu anul IV (când începe practica medicală)
Intern (Ireland) F1 (UK)	Stagiar
Senior house officer F2 (UK)	Rezident
Registrar	Medic care urmează un stagiu de specializare în medicină sau chirurgie
GP registrar	Absolvent care face practică pentru a deveni specialist în medicină internă
Specialist registrar (with teaching commitments) (SpR)	Medic care urmează un stagiu pentru a deveni medic specialist (și care și predă în același timp)
Consultant	Medic specialist
Head of department	Șef de secție
Surgeon	Chirurg
Professor	Profesor

Specialists (consultants) — Medici specialiști

Specialists (consultants)	Medici specialiști
Anaesthetist	Anestezist
Bacteriologist	Bacteriolog
Cardiologist	Cardiolog
Dermatologist	Dermatolog
Endocrinologist	Endocrinolog
Gastroenterologist	Gastroenterolog
Geriatrician/gerontologist	Geriatru/gerontolog

Gynaecologist	Ginecolog
Haematologist	Hematolog
Pathologist	Anatomopatolog
Physician	Internist, specialist în medicină internă
Consultant in forensic medicine	Medic legist
Medical oncologist	Oncolog
Maxillofacial surgeon	Chirurg BMF
Plastic surgeon	Chirurg plastician
Cardiothoracic surgeon	Chirurg cardiotoracic
Vascular surgeon	Chirurg vascular
Urologist	Urolog
Immunologist	Imunolog
Consultant in rehabilitation medicine	Medic specialist în reabilitare medicală
Consultant in sports medicine	Medic sportiv
Occupational physician	Medic specialist în medicina muncii
Microbiologist	Microbiologist
Nephrologist	Nefrolog
Neurologist	Neurolog
Consultant in clinical neurophysiology	Neurofiziolog
Neurosurgeon	Neurochirurg
Obstetrician	Obstetrician
Ophthalmologist	Oftalmolog
Orthopaedic surgeon	Ortoped
Ears, nose and throat surgeon (ENT)	Otorinolaringolog (ORL-ist)
Paediatrician	Pediatru
Consultant in vascular medicine	Flebolog, specialist în medicină vasculară
Psychiatrist	Psihiatru
Respiratory physician	Pneumolog
Radiologist	Radiolog
Rheumatologist	Reumatolog
Consultant in infectious diseases	Specialist în boli infecţioase
Consultant in palliative medicine	Specialist în terapii paliative
Consultant in tropical medicine	Specialist în boli tropicale
Consultant in accident emergency	Medic specialist în medicină de urgenţă
Urologist	Urolog

## Alternative therapists	## Specialişti în medicină alternativă
Acupuncturist	Acupunctor
Chiropractor	Chiropractician
Homeopath	Homeopat
Osteopath	Osteopat
Specialist in herbal medicine	Fitoterapeut

## Counsellors	## Consilieri
Counsellor	Terapeut
Addiction counsellor	Consilier în probleme de dependenţă
Psychotherapist	Psihoterapeut
Behaviour therapist	Terapeut specializat în terapie comportamentală
Psychologist	Psiholog

## Nursing staff	## Cadre medicale medii
Student nurse	Elev la o şcoală de asistenţi medicali
Male nurse	Asistent
Female nurse	Asistentă
Staff nurse	Asistent(ă) în spital care nu asistă la intervenţii chirurgicale
Practice nurse	Asistent(ă) specializat(ă)
Ward sister	Asistent(ă) şef(ă) de salon/secţie
Matron	Asistent(ă)-şef(ă)
Midwife	Moaşă
Public health nurse (PHN)	Asistent(ă) specializat(ă) în sănătate publică (poate practica la domiciliul pacienţilor, în şcoli şi instituţii locale)
Theatre nurse	Asistent(ă) – bloc operator
Hospice nurse	Asistent(ă) – centre de îngrijire a bolnavilor aflaţi în stadiu terminal
Private nurse	Asistent(ă) care îşi exercită activitatea pe cont propriu
Registered nurse (RN)	Asistent(ă) autorizat(ă)
Psychiatric nurse	Asistent(ă) – psihiatrie

Community psychiatric nurse (CPN)	Asistent(ă) specializat(ă) (de obicei nu practică în spital, ci la domiciliul pacienţilor sau în instituţii care ţin de sistemul naţional de sănătate britanic)

Paramedical staff / Personalul paramedical

Nurse's aide/health care assistant (HCA)	Infirmier
Paramedic (in UK, the emergency medical aid service answers the emergency call 999 or 112)	Paramedic (în Marea Britanie, serviciul medical de urgenţă răspunde la numerele de urgenţă 999 sau 112)
Porter	Brancardier
Lab technician	Laborant/tehnician de laborator
Pharmacist	Farmacist

Multidisciplinary team (MDT) / Echipa multidisciplinară

Dietician	Dietetician
Occupational therapist	Ergoterapeut
Physiotherapist	Fizioterapeut
Speech and language therapist (SALT)	Terapeut specializat în tulburări de vorbire

Welfare staff / Personalul din cadrul serviciilor sociale

Social worker	Asistent social
Welfare officer	Responsabil în cadrul serviciilor sociale

Administration staff / Personalul administrativ

Ward clerk/receptionist	Recepţioner(ă)
Medical secretary	Secretar(ă) medical(ă)
Personal manager (medical manpower)	Director de personal
General manager	Director general

# Health care facilities	# Unități de îngrijire
## In general practice	## La clinică
Could you please tell me where I could find :	Puteţi să-mi spuneţi unde se află :
– a medical centre ?	– un centru medical ?
– a surgery ?	– o clinică de chirurgie ?
– a health centre, a clinic ?	– o clinică ?
– a chemist ?	– o farmacie ?
– a private medical laboratory ?	– un laborator de analize medicale privat ?
– a physiotherapy clinic ?	– un clinică de fizioterapie ?
– a primary care centre ?	– un centru de îngrijire în regim nespitalicesc ?
### *At the surgery, at the health centre*	### *La clinica de chirurgie, la centrul de îngrijire a sănătății*
I am the receptionist.	Eu sunt recepţionerul/recepţionera.
I am the medical secretary.	Eu sunt secretara medicală.
Hello, who is the patient ?	Bună ziua, cine este pacientul ?
Give me :	Spuneţi-mi :
– your name	– numele dumneavoastră
– your address	– adresa dumneavoastră
– your phone number	– numărul dumneavoastră de telefon
– your date of birth	– data naşterii
Give me :	Daţi-mi :
– your European health insurance card	– cardul european de asigurări de sănătate
– your private insurance card	– carnetul de asigurare medicală privată
Do you have already an appointment ?	Aveţi deja programare ?
At what time ?	La ce oră ?
Do you want an appointment with :	Doriţi o întrevedere cu :
– a nurse ?	– o asistentă ?
– a doctor ?	– un medic ?
– a GP ?	– un medic internist ?
– a consultant ?	– un specialist ?
Do you want a receipt ?	Doriţi chitanţă ?
Do you need a house call ?	Aveţi nevoie de o consultaţie la domiciliu ?
I would like a consultation with a doctor.	Aş dori o întrevedere cu un medic.
May I have a house call ?	Aş putea fi consultat la domiciliu ?

At the chemist/pharmacy

La farmacie

Do you want to see the chemist?
Vreţi să vorbiţi cu farmacistul/farmacista?

Do you want to see the chemist assistant?
Vreţi să vorbiţi cu asistentul de farmacie?

Do you have a prescription?
Aveţi reţetă?

Do you want a medication over the counter (OTC)?
Vreţi un medicament eliberat fără reţetă?

Are you allergic to any medication?
Sunteţi alergic la vreun medicament?

Do you want:
- some tablets (pills)?
- some capsules?
- some (liquid) medicine?
- some suppositories?
- some cream?
- some ointment?
- some injections?
- an inhaler?

Doriţi:
- comprimate?
- capsule?
- sirop?
- supozitoare?
- cremă?
- pomadă?
- injecţii?
- un inhalator?

At the community health service centre

La dispensar

Hello, I have an appointment with the public health nurse.
Bună ziua, am o întâlnire programată cu asistenta (specialistă în sănătate publică).

Hello, I have an appointment with the area medical officer (public health doctor).
Bună ziua, am o întâlnire programată cu medicul specialist în sănătate publică.

Could I see the school doctor?
Aş putea să mă întâlnesc cu medicul şcolar?

Where is the mental health public clinic?
Unde se află centrul de sănătate mintală?

I would like a consultation.
Aş dori o consultaţie.

At the hospital

La spital

Facilities

Unităţi

I work in a hospital.
Lucrez într-un spital.

University hospital
Spital universitar

Regional hospital
Spital regional

District hospital
Spital districtual

General hospital
Spital general

Public hospital
Spital public

Private hospital	Spital privat/Clinică privată
Psychiatric hospital	Spital de psihiatrie
Nursing home	Centru de îngrijire
Respite care unit	Centru de îngrijire în care personalul nu lucrează în permanenţă
Maternity hospital	Maternitate
Rehabilitation centre	Centru de reabilitare
Hospice	Centru de îngrijire a bolnavilor aflaţi în fază terminală

Hospital wards / *Secţiile spitalului*

I am looking for the:	Caut:
– accident and emergency department (A&E)/emergency department (ED)/ casualty	– secţia de urgenţă
– intensive care unit (ICU)	– secţia de reanimare/terapie intensivă (ATI)
– oncology ward	– secţia de oncologie
– cardiology ward	– secţia de cardiologie
– coronary care unit (CCU)	– secţia de terapie intensivă coronariană (UTIC)
– surgical ward	– secţia de chirurgie
– children surgical ward	– secţia de chirurgie infantilă
– orthopaedic and trauma ward	– secţia de ortopedie şi traumatologie
– plastic surgery ward	– secţia de chirurgie plastică
– vascular surgery ward	– secţia de chirurgie vasculară
– dermatology department	– secţia de dermatologie
– endocrinology department	– secţia de endocrinologie
– endoscopy unit	– secţia de endoscopie
– gastroenterology unit	– secţia de gastroenterologie
– geriatric ward	– secţia de geriatrie
– gynaecological ward (gynae)	– secţia de ginecologie
– haematology ward	– secţia de hematologie
– infectious disease ward	– secţia de boli infecţioase
– medical ward	– secţia de medicină internă
– nephrology department	– secţia de nefrologie
– neurology ward	– secţia de neurologie
– neurosurgical ward	– secţia de neurochirurgie

- ophthalmology ward	- secţia de oftalmologie
- obstetric ward (the labour ward)	- secţia de obstetrică (sala de naşteri)
- ENTward	- secţia ORL
- paediatric ward/children's ward	- secţia de pediatrie
- psychiatric unit	- secţia de psihiatrie
- respiratory unit	- secţia de pneumologie
- radiotherapy department	- secţia de radioterapie
- rheumatology unit	- secţia de reumatologie
- urology department	- secţia de urologie
I have an appointment at the outpatient department (I have an outpatient's appointment).	Am o programare la consultaţii externe (pacienţi care nu sunt internaţi în spital).
I'm going to the day hospital.	Merg la spitalul de zi.
Go to the X-ray department.	Mergeţi la secţia de radiologie.
Please, could you direct me to :	Mă puteţi îndruma, vă rog, spre :
- the operating theatre ?	- blocul operator ?
- the pathology laboratory ?	- laboratorul de anatomie patologică ?
- the blood transfusion ?	- centrul de transfuzii ?
- the central pharmacy ?	- farmacia centrală ?
- the cafeteria ?	- cafenea ?
- the administration unit ?	- serviciul administrativ ?
- the mortuary ?	- morgă ?

Working abroad

GP training in Great Britain and Ireland

Having finished his final medical year (six years), the doctor must spend a year as a medical and surgical intern before being fully registered with the Medical Council.

The doctor can then apply for a place in a GP scheme. The candidate is selected by interview. He then spends two years as a paediatric, obstetrics and gynaecology, casualty, psychiatric SHO.

His last two years will be spent as a GP trainee then GP registrar with a GP trainer. To be entitled to practice as a GP, the doctor will have to pass the MRCGP or MICGP to become a member of the college of general practitioners. Finally he will be able to apply for posts advertised in the medical press.

Profesarea în străinătate

Formarea medicului specialist în medicină internă în Marea Britanie şi Irlanda

La sfârşitul ultimului an de studii medicale (şase ani), medicul trebuie să petreacă un an ca stagiar în medicină sau chirurgie înainte de a fi înregistrat la Medical Council.

După aceea, medicul poate candida pentru un loc într-un grup de formare a medicilor specialişti. Candidatul este selectat prin interviu. Petrece apoi doi ani ca rezident în pediatrie, obstetrică şi ginecologie, medicină de urgenţă, psihiatrie.

Ultimii doi ani îi petrece ca *GP trainee* şi apoi ca *GP registrar* făcând practică sub supravegherea unui medic. Pentru a avea dreptul să profeseze ca medic specialist, trebuie să treacă examenul MRCGP sau MICGP ca să devină membru al colegiului medicilor specialişti. În cele din urmă va putea candida la posturile anunţate în presa medicală.

Specialist training in Great Britain and Ireland

After completion of his medical studies, the doctor chooses medical attachment relevant to the chosen specialty. He must then pass the two-part membership, for the college of physicians or the college of surgeons.

The specialist is generally hospital based and sees patients referred by their GP.

Practica medicului specialist în Marea Britanie şi Irlanda

După terminarea studiilor medicale, medicul optează pentru secţiile/serviciile spitaliceşti relevante pentru specializarea aleasă. Apoi trebuie să susţină un examen format din două etape, *membership*, pentru colegiul medicilor sau colegiul chirurgilor.

Specialistul profesează în general în spital şi consultă pacienţii trimişi de medicul specialist în medicină internă.

Address book

List of medical bodies and professional organisations useful for settling abroad

In England

General Medical Council
178 Great Portland street
London W1W5JE
England

In Ireland

Medical Council
Lynn House, Portobello Court
Lower Rathmines Road
Dublin 6
Ireland

Carnet de adrese

Lista instituţiilor medicale şi a organizaţiilor profesionale utile pentru stabilirea în străinătate

În Anglia

General Medical Council
178 Great Portland street
London W1W5JE
England

În Irlanda

Medical Council
Lynn House, Portobello Court
Lower Rathmines Road
Dublin 6
Ireland

Colleges

Royal College of General Practitioners
14 Princes Gate
Hyde Park
London SW71 PU
England

Colegii

Royal College of General Practitioners
14 Princes Gate
Hyde Park
London SW71 PU
England

Royal College of Physicians
11 St Andrews Place
Regent's Park
London NW14LE
England

Royal College of Surgeons of England
Lincoln Fields
London WC2AJPC
England

Irish College of General Practitioners
4-5 Lincoln Place
Dublin 2
Ireland

Royal College of Physicians of Ireland
6 Kildare street
Dublin 2
Ireland

Royal College of Surgeons of Ireland
123 St Stephen's Green
Dublin 2
Ireland

Medical Defense Organisations

For example: Medical Defense Union, Medical Protection Society

Recruitment and locums services

For example: Locomotion (Dublin, Ireland)

Royal College of Physicians
11 St Andrews Place
Regent's Park
London NW14LE
England

Royal College of Surgeons of England
Lincoln Fields
London WC2AJPC
England

Irish College of General Practitioners
4-5 Lincoln Place
Dublin 2
Ireland

Royal College of Physicians of Ireland
6 Kildare street
Dublin 2
Ireland

Royal College of Surgeons of Ireland
123 St Stephen's Green
Dublin 2
Ireland

Organizații de asigurare de răspundere medicală

De exemplu: Medical Defense Union, Medical Protection Society

Servicii de recrutare şi servicii pentru medicii înlocuitori

De exemplu: Locomotion (Dublin, Ireland)

Publications

Medical journals (where medical vacancies are advertised): *British Medical journal*, *Lancet*, *Irish Medical News*, *Irish Medical Times*, etc.

Publicaţii

Jurnale medicale (unde sunt publicate posturile vacante): *British Medical journal*, *Lancet*, *Irish Medical News*, *Irish Medical Times*, etc.

Other

BNF (British National Formulary)

MIMS (Monthly Index of Medical Specialities)
Martindale
Pharmaceutical Press
PO box 151
Wallingford, Oxon OX108QU
United Kingdom

Irish Medical Directory
PO box 5049
Dublin 6W
Ireland

Altele

BNF (publicaţie naţională care oferă informaţii detaliate despre medicamente)

MIMS (Index lunar al specialităţilor medicale)
Martindale
Pharmaceutical Press
PO box 151
Wallingford, Oxon OX108QU
United Kingdom

Irish Medical Directory
PO box 5049
Dublin 6W
Ireland

Curriculum vitae

Surname
First name
Address
Email
Telephone
Mobile phone
Date of birth
Place of birth
Marital status
- married
- single
- divorced
- widow (woman), widower (man)

Curriculum vitae

Nume
Prenume
Adresă
E-mail
Telefon
Telefon mobil
Data naşterii
Locul naşterii
Starea civilă
- căsătorit(ă)
- celibatar(ă)
- divorţat(ă)
- văduvă, văduv

Nationality	Naţionalitatea
Qualifications	Diplome
Present post	Locul de muncă actual
Previous employment	Locuri de muncă anterioare
Hobbies	Hobby-uri
Other informations	Alte informaţii
References	Referinţe
(Name of two referees)	(Numele a două persoane care dau referinţe)

Pharmacology

History

Do you take any:
- prescribed medication?
- over the counter medication (OTC)?

Do you know the names of them?

Do you have them with you?

Show me the medicine containers.

Can you show me your last prescription or a list of medications?

Are you compliant with your prescribed medications?

Prescription, treatment or therapy (Rx)

Allergies

Are you allergic to anything that you know of?

What happens when you take this?
- anaphylaxis
- rash
- mouth swelling
- difficulty breathing
- choking sensation
- abdominal discomfort

No known drug allergies (NKDA)

Adverse drug reaction (ADR)

Farmacologie

Anamneza

Luaţi:
- medicamente cu reţetă?
- medicamente eliberate fără reţetă?

Ştiţi cum se numesc?

Le aveţi la dumneavoastră?

Arătaţi-mi cutiile de medicamente.

Puteţi să-mi arătaţi ultima reţetă sau o listă a medicamentelor dumneavoastră?

Luaţi medicamentele care v-au fost prescrise?

Prescripţie, tratament sau terapie

Alergii

Din câte ştiţi, sunteţi alergic la ceva?

Ce se întâmplă când luaţi asta?
- reacţie anafilactică
- erupţie cutanată
- umflarea gurii
- dificultăţi de respiraţie
- senzaţia de sufocare
- durere abdominală

Nu există alergii cunoscute

Reacţii adverse

Form	Formă
Tablet	Tabletă
Effervescent	Efervescent
Dissolvable	Solubil
Syrup	Sirop
Cream	Cremă
Depot injection	Injecţie cu acţiune îndelungată
Patch	Plasture
Drops	Picături
Ointment	Pomadă
Mouth wash	Soluţie de clătire orală
Suppositories	Supozitoare

Prescription	Reţeta
Take this medication :	Luaţi acest medicament :
– *OD (omne in die)*	– o dată pe zi
– once daily	
– *BD (bis die)*	– de două ori pe zi
– twice daily	
– *TDS (ter die sumendus)*	– de trei ori pe zi
– three times daily	
– *QDS (quater die sumendus)*	– de patru ori pe zi
– four times daily	
– *mane*	– dimineaţa
– in the morning	
– *tarde*	– seara
– in the evening	
– *nocte*	– noaptea
– at night	

PRN (pro re nata) Take it when you feel you need it.	Luaţi-l când simţiţi că aveţi nevoie.
PO (per os) Oral	Pe cale orală
PR (per rectum) Per rectum	Pe cale anală
S/C Subcutaneous	SC Subcutan
IM Intramuscular	IM Intramuscular
IV Intravenous	IV Intravenos
Top Topical application onto affected area	Aplicaţie locală pe zona afectată
SL (sublingual) Under the tongue	Sub limbă
Neb Nebulisers	Nebulizatoare
Inh Inhalers	Inhalatoare

Side effects / Efecte secundare

Nausea	Greaţă
Vomiting	Vomă
Fatigue	Oboseală
Dizziness	Ameţeală

Drowsy	Somnolenţă
Dry mouth	Gură uscată
Headache	Cefalee
Itching	Mâncărimi
Muscle aches	Dureri musculare
Indigestion	Indigestie
Pins and needles (paraesthesia)	Furnicături (parestezie)
Abdominal cramps	Crampe abdominale
Adverse drug reaction (ADR)	Reacţii adverse ale medicamentelor
Take this medication with :	Luaţi acest medicament :
- food	- în timpul mesei
- an empty stomach	- pe stomacul gol
You should avoid :	Trebuie să evitaţi :
- alcohol	- alcoolul
- driving	- să conduceţi
- breastfeeding	- să alăptaţi
- pregnancy	- să rămâneţi însărcinată
It may damage the foetus (teratogenic).	Ar putea provoca o malformaţie fetală (teratogenă).
You should use reliable contraception.	Trebuie să utilizaţi o metodă de contracepţie sigură.

Modem day prescribing recommends the use of the generic (internationally recognised) name of a drug to encourage the pharmacist to dispense the cheapest equivalent. This is mostly relevant in older drugs that are no longer under patent. However unfortunately in every day practice it is the brand name a patient will most likely recall (as it is the larger writing on the medication box !). This causes even more confusion for the non-native doctor. The list below is not exhaustive but comprises a list of some of the most commonly used medication in general medicine.

Prescrierile moderne recomandă utilizarea numelui generic (recunoscut internaţional) al unui medicament, pentru a-l încuraja pe farmacist să ofere echivalentul cel mai ieftin. Aceasta este relevant în special în cazul medicamentelor mai vechi care nu mai sunt sub brevet. Din păcate însă, în practica de zi cu zi pacientul îşi aminteşte cu predilecţie denumirea comercială (pentru că este scrisă cu cele mai mari litere pe cutia de medicamente !). Aceasta îl derutează şi mai mult pe medicul care are o altă limbă maternă. Următoarea listă nu este exhaustivă, dar cuprinde unele dintre medicamentele cel mai des utilizate în medicina internă.

Generic	*Brand name®*	*Generic*	*Denumirea comercială®*
Acetylcysteine	Mucocyst	Acetilcisteină	ACC
Alginic acid	Gaviscon	Acid alginic	Gaviscon
Amlodipine	Istin	Amlodipină	Norvasc
Amoxicillen	Amoxil Clonamox Oramox Pinamox	Amoxicilină	Amoxil Ephamox Ospamox
Artificial tears	Tears naturale	Lacrimi artificiale	Tears naturale Eyestil Optiserum
Aspirin (antithrombotic)	Nu-Seals 75	Aspirină (antitrombotic)	Nu-Seals 75
Aspirin (anti-inflammatory)	Disprein	Acid acetilsalicilic	Aspirină
Atenolol	Tenormin	Atenolol	Tenormin
Atorvastatin	Lipitor	Atorvastatină	Lipitor Sortis
Beclometasone	Becotide Beclazone Beclovent (USA)	Beclometazonă	Becotide Beclazone Beclocort Becloforte Beconase
Bendroflumethiazide	Centyl Corzide (USA)	Bendroflumetiazidă	***
Bisoprolol	Emcor Cardicor Zebeda (USA)	Bisoprolol	Bisotens Concor Bisogamma
Bromazepam	Lexotan	Bromazepam	Lexotan Calempam
Calcium carbonate	Calcichew	Carbonat de calciu	Calcichew Antacid
Captopril	Capoten	Captopril	Capoten
Carbocisteine	Exputex Mucodyne	Carbocisteină	Rhinathiol Humex
Cefaclor	Distaclor Ceclor (USA)	Cefaclor	Ceclor
Cefixime	Suprax	Cefiximă	Suprax Eficef
Cefpodoxime	Cefodox	Cefpodoximă	Forexo Vantin
Cetirizine	Zyrtec Zirtex (USA)	Cetirizină	Zyrtec Alerid Cetrine

Citalopram	Cipramil Celexa (USA)	Citalopram	***
Diclofenac	Difene Voltarol Cataflam	Diclofenac	Voltaren
Diosmectite	***	Diosmectită	Smecta
Diosmine	***	Diosmină	Revada Detralex Hespidin Devaricid
Domperidone	Motilium	Domperidon	Motilium
Doxazosin	Cardura XL	Doxazosină	Cardura XL
Esomeprazole	Nexium	Esomeprazol	Nexium
Fenofibrate	Lipantil Tricor	Fenofibrat	Lipantil
Fenspiride	***	Fenspiridă	Eurespal
Fluoxetine	Prozac	Fluoxetină	Prozac
Flurazepam	Dalmane Dalmadorm	Flurazepam	Dalmane
Frusemide	Lasix	Furosemid	Lasix
Frusemide + amiloride	Frumil	Frusemid+amilorid	***
Ibuprofen	Brufen	Ibuprofen	Brufen Ibalgin
Isosorbide mononitrate	Elantan Imdur Ismo Isotrate Isotard	Isosorbid mononitrat	Elantan Olicard
Lanzoprozole	Zoton	Lanzoprozol	***
Levothyroxine	Eltroxin	Levotiroxină	Euthyrox
Lisinopril	Zestril Carace	Lisinopril	***
Lithium	Priadel Camcolit Liskonum Eskalith	Litiu	***
Loratadine	Histaclar Claritin	Loratadină	Claritine
Lorazepam	Ativan	Lorazepam	Anxiar
Macrogol	Movicol	Macrogol	Movicol
Mefenamic acid	Ponstan	Acid mefenamic	Vidan
Molsidomine	***	Molsidomin	Corvaton
Niflumic acid	***	Acid niflumic	Nifluril
Nimesulide	Aulin	Nimesulidă	Aulin

Omeprazole	Losec Prilosec	Omeprazol	Losec
Oxazepam	Serax	Oxazepam	***
Pantoprazol	Protium Protonix	Pantoprazol	***
Paracetamol (acetaminophen)	Panadol Calpol Disprol Tylend (USA)	Paracetamol (acetaminofen)	Panadol Calpol
Paroxetine	Seroxat Paxil	Paroxetină	Seroxat
Perindopril	Coversyl Aceon (USA)	Perindopril	Coversyl
Potassium chloride	Slow k	Clorură de potasiu	***
Pravastatin	Lipostat Pravachol(USA)	Pravastatină	Lipostat Pravator
Prenisolone	Prednesol Deltacortil	Prenisolone	***
Prednisone	Deltasone	Prednison	***
Ramipril	Tritace Altace (USA)	Ramipril	Tritace
Sodium valproate	Epilim	Valproat de sodiu	Orfiril
Temazepam	Nortem Restoril (USA)	Temazepam	***
Tramadol	Zydol Ultram (USA)	Tramadol	***
Trimebutine	***	Trimebutină	Ibutin Colperin Débridat
Troxerutin	Paroven	Troxerutin	***
Warfarin	Warfant Coumadin (USA)	Warfarină	***
Zolpidem	Stilnoct Ambien (USA)	Zolpidem	Stilnox
Zopliclone	Zimovane	Zopliclon	***

*** Not commonly used in English speaking countries/Nu se utilizează de obicei în ţările de limba engleză

Index – limba engleză

A

B

C

D

E

F

G

H

I

R

S

Index – limba română

D

E

R

S

La Editura Polirom

au apărut:

Dana Grasso (coord.) – *Limba italiană pentru medici şi asistente*

Gustavo-Adolfo Loria-Rivel – *Limba spaniolă pentru medici şi asistente*

Hans Neumann – *Limba germană pentru medici şi asistente*

Mireille Mandelbrojt-Sweeney, Eileen Sweeney – *Limba franceză pentru medici şi asistente*, ediţia a II-a revăzută şi adăugită

Mireille Mandelbrojt-Sweeney, Eileen Sweeney – *Limba engleză pentru medici şi asistente*, ediţia a II-a revăzută şi adăugită

www.polirom.ro

Corector: Valentin Piftor
Tehnoredactor: Irina Lăcătuşu

Bun de tipar: octombrie 2014. Apărut: 2014
Editura Polirom, B-dul Carol I nr. 4 • P.O. BOX 266
700506, Iaşi, Tel. & Fax: (0232) 21.41.00; (0232) 21.41.11;
(0232) 21.74.40 (difuzare); E-mail: office@polirom.ro
Bucureşti, Splaiul Unirii nr. 6, bl. B3A,
sc. 1, et. 1, sector 4, 040031, O.P. 53
Tel.: (021) 313.89.78; E-mail: office.bucuresti@polirom.ro

**Tiparul executat la S.C. LUMINA TIPO s.r.l.
str. Luigi Galvani nr. 20 bis, sect. 2, Bucureşti
Tel./Fax : 211.32.60, 212.29.27, E-mail : office@luminatipo.com**